HANDBUCH

DER

CHAOSMAGIE

Frater .717.

– Überarbeitete und erweiterte 5. Auflage –

Der Autor

Frater .717. studierte Pädagogik, Psychologie und Philosophie und beschäftigt sich seit vielen Jahren mit Management, Rhetorik und Menschenführung. Weiterhin interessierte er sich für Meditation, Patanjali, östliche und westliche Trancetechniken und die verschiedensten magischen Systeme. Er ist Gründungsmitglied des IOT (Illuminates of Thanateros) in Europa (1986). Er war jahrelang als Sektionsleiter des IOT-Austria tätig und als Mitarbeiter der Zeitschrift Anubis. Er gründete Athanor und Caput Corvi als Vermittlungsstellen und Ideenbörsen für magisch Suchende. Er organisiert und hält Seminare zu den Themen Meditation, Magie, Psychonautik und Freistilschamanismus seit 1985. Heute betreut er zusätzlich die Domains und Dienste: 717.info, chaosmagick.org und illuminates.org. Wenn Sie Kontakt mit dem IOT wünschen, so schreiben Sie bitte an folgende Adresse: thanateros@illuminates.org

Wir danken für die Abdruckserlaubnis von Bildern Herrn Georg Kojetinsky, P. C. Carroll, dem Schulze Verlag, und Frater Erec für die Abdruckserlaubnis der Hymne „Rufung der Selene".

Gesamtherstellung: Bohmeier Verlag, Printed in Germany

ISBN 978-3-89094-257-5

Inhaltsverzeichnis

VORWORT **9**

EINLEITUNG **12**

Wahrnehmung ist der Schlüssel zur Realität. 12

1. KONTEMPLATION UND WIRKLICHKEIT **15**

2. IOT - Der Orden der Illuminaten von Thanateros **16**

3. CHAOISTISCHE RITUALMAGIE **20**

3.1. Voraussetzungen, Grundlagen, Begriffserklärungen 20
3.1.1. Die Erdung: 20
3.1.2. Die Voraussetzungen zur Durchführung magischer Arbeiten: 20
3.1.3. Die Grundstrukturen des magischen Rituals: 21
3.1.4. Die magischen Disziplinen 23
3.1.5. Sigillen 23
3.1.6. Der magische Blick 25
3.1.7. Die Magischen Waffen 25
3.1.8. Magische Sprachen 26
3.2. Korrespondenzen 27
3.2.1. Die Tattwas 27
3.2.2. Die Elementalen Zeichen 28
3.2.3. Die Pfortenzeichen 28
3.2.4. Runenentsprechungen 29
3.2.5. Runentabelle 29
3.2.6. Jahresregenten-Tabelle 30
3.2.7. Planetenstunden nach der Ägyptischen Ordnung 30
3.2.8. Planetenstunden nach der Chaldäischen Ordnung 31
3.2.9. Diverse Korrespondenzen 33
Tabelle der Zuordnung der Elemente 34
Zugrichtung der Elementpentagramme 34
3.3. Schutz und Angriff 36
3.3.1. Magischer Schutz, wozu? 36
3.3.2. Beispiele für Schutz- und Angriffsrituale 39
3.4. Jahresfeste 53
3.4.1. RITUALE ZU DEN JAHRESFESTEN 54
3.5. Liber Eros 59
3.5.1. Ein sexualmagisches Exerzitium 59
3.6. LIBER THANATOS 66
3.7. Planetenrituale 68
3.7.1. SONNE ☉ 73
3.7.2. MOND ☽ 73
3.7.3. SCHWARZMOND ☽ 75

3.7.4. MARS ♂ 75
3.7.5. MERKUR ☿ 76
3.7.6. JUPITER ♃ 77
3.7.7. VENUS ♀ 79
3.7.8. SATURN ♄ 79
3.7.9. URANUS - Beispiel für ein Ritual der äußeren Planetenkräfte 79
3.8. DIVERSE RITEN 80
3.8.1. ELEMENT - RITEN 80
3.8.2. RITUS DER GROSSEN MUTTER 81
3.8.3. RITUS DER WILDEN JAGD 83
3.8.4. VON DER RUFUNG UND DEM UMGANG MIT DEM EGREGORE 85
3.8.5. DIE WAFFENWEIHE 89
3.8.6. RITUS DER GEHÖRNTEN SCHLANGE 92
3.8.7. RITUS DER EIR 94
3.8.8. JENSEITS - EIN ROTER RITUS 95
3.8.9. ANGST VOR DER ANGST ODER EMOTIONSSTEUERUNG UND PARADIGMENWECHSEL 97
3.8.10. Interface (with the void) 101
3.8.11. Auf dem Pfad zu den Großen Alten 103
3.8.12. DER RUF DER AHNEN 108
3.9. Krafttier und Clanwesen 112
4. OHRENSESSELMAGIE 114
4.1. Mentale Arbeiten 114
4.1.1. DIE TATTWAS - Der Ursprung der Tattwa-Vision 114
4.1.2. SCHAMANISCHE REISEN 117
4.1.3. PFADARBEIT MIT TAROT - Karten und Symbolen 117
4.1.4. ASTRALARBEIT UND PROJEKTION 118
4.2. Impulsmagie 120
4.2.1. MANTRA, MEDITATION UND GEDANKENSTILLE 121
4.2.2. IMPULSE UND IMPULSPROGRAMME 125
4.2.3. SEMIHYPNOSTIK - SCHWELLENGNOSIS 129
4.2.4. TRAUMARBEIT UND ASTRAL 131
4.2.5. IMPULSKETTEN 132
4.2.6. DIE TECHNIK DES MEISTERS 133
5. HOHE MAGIE 135
6. SCHLUSSWORT 136
7. INTERVIEW MIT FRATER .717. 137
8. NEUE RITEN 154
Ritus des 5. Aeons 154

Ein Ritus, ein chaosmagisches Mysterienspiel, ein Fest um das neue Aeon einzuläuten. 154
Eris – Göttin der Verwirrung 159
Infinity-Dance – Unendlichkeitstanz 161
Der Ritus der guten Gelegenheit 163
9. DIE ZEIT DER DÄMONEN 165
10. NEXT – DER RITUS 172
Gratiseinkauf im Supermarkt der Realitäten oder Durchs Zeit- und Raumkontinuum hüpfen. 172
11. ASTRAL WORKOUT 176
Astral Workout – TEIL 1 177
Astral Workout – TEIL 2 179
Astral Workout – TEIL 3 180
Astral Workout – TEIL 4 180
BIBLIOGRAPHIE 182
GLOSSAR 183

FÜR ALLE, ÜBER DENEN DER SCHWARZE STERN LEUCHTET

Danke,

**ein Danke an Großmutter, die
mich erbarmungslos gefordert hat, an
alle Paktmitglieder und Freunde,
mit denen ich arbeiten durfte, und an alle Feinde,
die mich wach gehalten haben.
Danke an alle, die es mir ermöglichten,
dieses Buch zu schreiben.**

Danke,

ein Danke an Sor. Anahita – für all' die Liebe und die Hilfe, und dass sie mich noch immer erträgt, an Großmutter, die mich erbarmungslos gefordert hat, an die Mitglieder des !Temp-EL's Wien und des Tempels Ennoia, die mich in der praktischen Arbeit unterstützten, an Pete Carroll für seine Ideen und seine Anleitungen, an Fra. Forovius für seine Hilfe und Diplomatie, an Leah, an Sor. Allesundnichts und Fra. Oliphant für ihre tatkräftige Unterstützung, an alle Paktmitglieder und Freunde, mit denen ich arbeiten konnte, und an alle Feinde, die mich immer wach gehalten haben. Danke an alle, die es mir ermöglichten, dieses Buch zu schreiben.

VORWORT

»Ohne allen Zweifel wird der Titel unseres Werkes... schon der Seltenheit wegen viele Leser anlocken. Manche aber werden, teils aus Vorurteil und Beschränktheit, teils aus Bosheit und Übelwollen gegen uns, – ob sie gleich die Sache nicht verstehen - den Namen Magie im übeln Sinne nehmen. Ich gebe Ihnen deshalb den Rat, meine Schriften gar nicht zu lesen, nicht darüber nachzudenken, sich nicht daran zu erinnern, denn sie sind ja schädlich und giftig. Hier in diesem Buche ist der Eingang zum Acheron, es enthält ärgerliche Dinge, wodurch jene leicht um ihr bisschen Verstand kommen könnten.«

Heinrich Cornelius Agrippa von Nettesheim,
Vorrede zu „De Occulta Philosophia", 1510

Seit Jahrtausenden fließt ein Strom magischen Wissens durch die abendländische Geschichte, manchmal unterirdisch und verborgen, manchmal stark und sichtbar, teils in Einklang mit den Glaubensvorstellungen seiner Zeit, teils in Konflikt mit ihnen. Zwar gibt es keine uralte Überlieferung vom Lehrer auf den Schüler, wie wir sie uns gerne erträumen, oder zumindest nicht unmittelbar. Mittelbar aber gibt es die Überlieferung durch die Jahrhunderte. Denn immer wieder wandten sich Männer und Frauen der geheimnisvollen Kunst der Magie zu und suchten in den Bruchstücken, die von früheren Generationen geblieben waren, nach dem Schlüssel zu Wissen, Macht und Erleuchtung. Hin und wieder fanden sie ihn bei geheimen Logen und Zirkeln, manchmal in einem Buch wie diesem hier. Sie bemühten sich, von ihren Vorgängern zu lernen, studierten die Schriften der Schwarzen Kunst und pflegten Austausch mit Gleichgesinnten. So pflanzten sich die Ideen des abendländischen Okkultismus durch die Generationen fort. Durch Bücher und durch Lehrer ist das magische Wissen bis auf unsere Zeit gekommen, und durch Bücher und Lehrer wird es sich in die Zukunft fortsetzen.
Die Grunderfahrung des Magiers, nämlich mit den transzendenten Kräften, die Welt und Mensch bestimmen, in Wechselwirkung treten zu können, die „demiurgische Anmaßung" (wie unsere Gegner sagen), diese Grunderfahrung bleibt durch die Jahrhunderte gleich. Das Erscheinungsbild aber, in das sie sich kleidet, wandelt sich: die Formeln und Siegel ändern sich, die Namen, mit denen die Mächte angerufen werden, folgen dem Wechsel der Weltanschauungen und Religionen. Immer wieder stehen die Adepten vor der Aufgabe, überlieferte Künste und Rituale zu überarbeiten und an die Anschauungen ihrer Zeit anzupassen. Dies ist nicht modisch und oberflächlich, sondern sehr wichtig. Denn selbst erprobte Riten ehrwürdigen Alters verlieren ihre Kraft, wenn ihre Symbole und ihre Theologie dem Lebensgefühl eines Magiers unserer Zeit nicht mehr gerecht werden. Gute magische Werke erkennt man daran, dass sie das Lebensgefühl ihres Schöpfers vollendet ausdrücken, dass sie der Seele passen wie ein Maßanzug. Gerade in Zeitenwenden – und wir leben in einer solchen – muss der magische Ausdruck in neue

Formen gegossen werden. Um die Magie zu erhalten, muss man sie wandeln. Dieser Aufgabe widmet sich das erste Buch von Frater .717. (mögen viele folgen). Es spiegelt den Geist der Chaosmagie wider, wie Pete Carroll ihn formulierte: unvoreingenommen und ohne traditionellen Ballast in das magische Erleben hineinzugehen. Pete Carrolls Bücher zeigen uns vor allem diese neue, freie und pragmatische Einstellung dem Okkultismus gegenüber, eine Einstellung, die die esoterischen Theorien geringschätzt und die Praxis hochhält. Gerade deshalb sind sie freilich, so paradox das auf den ersten Blick wirken mag, eher Werke der Theorie als der Praxis, denn ihr Schwerpunkt liegt auf neuen Gedanken und Ideen. Dieses Buch von Frater .717. reicht praktische Umsetzungen nach. Selten habe ich in solcher Kürze eine so vielfältige Sammlung von Ritualtexten, Übungshinweisen und Erläuterungen gesehen.

Eine Eigenart der Chaosmagie ist, dass sie Symbole unseres modernen Alltags nicht verschmäht, neben Kerzen und Weihrauch auch Lichtorgel und Stroboskop verwendet - eben um einen zeitgemäßen Ausdruck des magischen Wirkens zu gestalten. Damit holt sie die Magie entschlossen ins Computerzeitalter, und das bannt die Gefahr einer falschen Romantik, die sich die Zauberkunst nur im Gewand vergangener Zeiten vorstellen kann und sich in altertümelnder Sprache in eine ach so urverbundene Vorzeit zurückträumt. Nein, Magie darf nicht zur Flucht aus dem Hier und Jetzt missbraucht werden. Wenn man sie richtig anwendet – also in existentieller Ehrlichkeit sich selbst gegenüber – dient sie zur konkreten Lebensbewältigung ebenso wie zur persönlichen Weiterentwicklung.

Die Chaosmagie streift die Fesseln und Vorschriften älterer Zauberlehren ab; es zählt das Experiment und damit letztlich der Erfolg. Dennoch verzichtet Frater .717. auf unnötige Bilderstürmerei. Neben neuentwickelten Riten findet der Leser auch solche Klassiker der Tradition wie die Jahresfeste und das Pentagrammritual. So ist dieses Buch nicht einfach ein Chaos-Grimoire, sondern ein Kompendium zeitgenössischer Magie, das einen kurzen, aber guten Überblick über den Stand der Schwarzen Kunst im ausgehenden 20. Jahrhundert bietet. Man merkt ihm an, dass es aus der gelebten Praxis heraus geschrieben ist.

Aus der gelebten Praxis und für die gelebte Praxis: das Buch weist einen Weg für Zeitgenossen, die im Berufsleben stehen, vielleicht Familie haben, aber trotzdem konsequente magische Arbeit tun wollen, die Magie und Alltag in Einklang und schließlich zur Einheit bringen wollen, ohne sich dazu in eine Höhle des Himalaja zurückzuziehen. Frater .717. spornt an, eigene Ausdrucksformen zu gestalten und als Magier schöpferisch zu werden.

Die Ernsthaftigkeit, mit der ein Psychonaut in die Terra Incognita vordringt, bestimmt die Tiefe der Erfahrung, die ihm zuteilwird. Besser zu viel zu wagen und Missgeschicke zu erleiden als gar nie aufzubrechen. Man lernt nur aus Fehlern.

Frater Erec

»Alles was wir wahrnehmen, ist wirklich.
(nicht unvernünftig)
Alles was wir nicht wahrnehmen, existiert auch nicht.
(jedenfalls nicht für uns)
Alles, was wir wollen und was dennoch nicht in unsere Wahrnehmung eintritt, war kein Wille, sondern lediglich ein gescheiterter Wunsch.
Folglich sind Wille und Wahrnehmung einunddasselbe.
Austin Osman Spare hat oft mit diesem Paradigma gearbeitet und damit die Entwicklung der Nicht-Objektivität, einer der vielen Interpretationen der Quantentheorie, um ein halbes Jahrhundert vorweggenommen. Diese deutet darauf hin, daß es der aktualisierte Akt gewollter Wahrnehmung oder Messung ist, der die Ereignisse tatsächlich hervorbringt. Magisch gesehen werden schöpferische Ereignisse dadurch hervorgebracht, daß man die tiefsten Ebenen des Bewußtseins und des Glaubens anzapft.«

Pete Carroll - PSYCHONAUTIK

EINLEITUNG

»Genau das ist Sinn des gesunden Menschenverstands - verrückt zu werden.«

E. T. Bell

Wahrnehmung ist der Schlüssel zur Realität

Dieses Buch richtet sich an alle wirklich magisch Interessierten. Ich habe seit vielen Jahren den Weg der Magie als meinen Weg erkannt und auf diesem Weg einige Gleichgesinnte getroffen. Ich arbeitete lange Jahre autodidaktisch und hatte dann das Glück mit Magiern wie Pete Carroll, Ian Read, Frater V∴D ∴, Ramsey Dukes, Anny Aaron und Freya Aswynn zusammenarbeiten zu können. Aus meiner Arbeit, durch die Arbeit mit Sor. Anahita, die mir immer wieder zur Seite steht, und durch die Arbeit mit anderen Magiern haben sich viele Erfahrungen ergeben, die mich zu diesen Seiten animiert haben. Magie ist heute leider bereits »in« geworden, und so läuft man immer wieder in Gefahr, an Leute zu geraten, die bloß dem Trend folgen und zu diesem Zweck alle magischen und esoterischen Gruppen abklappern. In einem Partygespräch scheint Ihnen eine Person vielleicht aufgeklärt, weil sie zungenfertig Crowley und Austin Osman Spare erwähnt, die sich aber als Dilettant und ewiger Zweifler in der praktischen Arbeit herausstellt. Dann nämlich werden Sie selbst bloß den zweifelhaften Erfolg haben, sie davon zu überzeugen, dass Sie ein schlechter Magier sind, weil Sie nicht im Stande sind, die Legionen des Hades in Stereo und Cinemascope aufmarschieren zu lassen. Um dieses Problem zu vermeiden, prüfe man genau, mit wem man arbeitet. Im Kreis der praktizierenden Chaosmagier werden solche Personen glücklicherweise meist schnell entlarvt, denn:

NICHTS IST WAHR, ALLES IST MÖGLICH!

Hier gibt es folglich keinen richtigen und auch keinen falschen Weg, über den man nächtelang diskutiert. Was zählt, ist lediglich der Erfolg oder Misserfolg einer magischen Arbeit, und der ist schnell abzulesen.

Viele der praktizierenden Orden und Zirkel arbeiten nach klassischen Strukturen und vorgegebenen Techniken. Manche arbeiten sehr frei und „modern", doch es zeigt sich immer wieder, dass oftmals die praktische Arbeit zugunsten der organisatorischen Arbeit oder der Vereinsmeierei im Hintergrund bleibt.

Außerdem garantieren die Beschäftigung mit und die Ausübung von Magie keineswegs automatisch eine menschliche Weiterentwicklung. Vor nicht allzu langer Zeit schrieb Fra. Erec darüber einen sehr treffenden Artikel in der Zeitschrift Anubis[1] zu dem Thema »Der Weg der Magie und seine Fallen«. Betrachtet man den Weg so mancher »Magier«, muss man feststellen, dass Zauber, Theurgie und Mantik eigentlich recht gut funktionieren, doch gleichzeitig ist leider kein bemerkenswerter Fortschritt der persönlichen Entfaltung und Selbstverwirklichung zu bemerken. Im Gegenteil – allzu viele Interessierte entpuppen sich für jeden aufmerksamen Beobachter als von Minderwertigkeitskomplexen bestimmte Menschen. Und nun, – statt dem mit den neu erworbenen Fähigkeiten entgegenzuwirken, führen diese Rituale durch, in denen sie sich als mächtige Magier und Herren des Universums fühlen, um ihr Ich ein bisschen aufzublasen – für möglichst viel erotischen Erfolg.

Dies ist kein Buch, das mit erhobenem Zeigefinger vor den Konsequenzen und Gefahren der Magie warnt, das geschieht ja in den klassischen Werken der Magie zur Genüge – doch sei dem Leser bewusst, dass er mit dem Erlernen der hier angeführten Techniken keine Garantie erkauft, persönliche Fortschritte zu machen. Magie selbst führt nicht zur Befreiung und Entfaltung, sie muss erst gezielt zu diesem Zweck gebraucht werden. Dies ist sicherlich eine schmerzliche Erfahrung, die jeder auf diesem Weg Schreitende früher oder später selbst machen muss. Wichtig im Umgang mit allem Folgenden ist:

- Bewahre eine gesunde Skepsis gegenüber den geltenden Wahrheiten. Gnosis (Erkenntnis) statt Pistis (Glaube).
- Der Glaube ist nur eine Technik, befreie dich von allen vorherrschenden Ideologien.
- Suche nach Dimensionen hinter dem Sichtbaren.

Das Handbuch der Chaosmagie erhebt keinen Anspruch auf Vollständigkeit, ja nicht einmal auf chronologischen Aufbau.

Ich bin der Meinung, dass es wichtig ist, Suchenden die Möglichkeit zu geben, eigene Wege der magischen Arbeit zu finden. Dieses Buch versteht sich als Ansporn, die eigene Magie zu finden und an verschiedenen Stellen Anregungen für die persönliche Kreativität zu bieten.

Es gibt bereits eine Unzahl von Büchern auf dem Markt, die Möglichkeiten beschreiben, mit dem eigenen Geist zu spielen, seine Sinne zu schulen und magische Kräfte zu entwickeln. Ich werde mich auf das Wesentliche beschränken und nicht dutzende Seiten mit Anleitungen zu den verschiedensten Übungen bringen, sondern nach kurzen Begriffsbestimmungen und einigen Hinweisen sofort in medias res gehen. Sollten einem Leser meine Anleitungen zu spärlich erscheinen, möchte ich ihn an dieser Stelle auf die Bücher „Liber Null" und „Psychonautik" von Peter J. Carroll hinweisen.

---

1 Die aber leider seit Jahren nicht mehr erscheint.

»Das Universum ist eine Anordnung die sich selbst überrascht
und auf diese Weise die Eintönigkeit und Langeweile vermeidet,
die entsteht, wenn man schon alles im Voraus weiß.
Und Du und ich, wir haben uns mit uns selbst verschworen und so getan,
als wären wir in Wirklichkeit nicht Gott.
Aber natürlich sind wir es.
Wir sind Öffnungen, durch die sich das Universum selbst betrachtet.
oder
Mit welchen Augen wir die Welt auch ansehen,
es ist lediglich eine Möglichkeit, die Dinge zu betrachten,
und es gibt unendlich viele Betrachtungsweisen.«

Alan Watts - OM

»Leben ist die Kategorie der Möglichkeit«
Hebbel: Tagebücher

1. KONTEMPLATION UND WIRKLICHKEIT

»Die symbolische Realität wird noch wirksamer durch den Prozeß ihrer Erschaffung, die Weise, in welcher die göttliche Kraft geformt und auf ein Ziel gerichtet wird. Es ist die Kraft der Gottheit, die durch den Prozeß der Schöpfung aus dem Bereich der Leere evoziert wird; der Ausübende schafft eine Realität, in die hinein er sich selber versetzt.«

Stephan Beyer

Ebenso wichtig ist die Annahme, dass der Magier nicht nur seine eigene Realität erschafft, sondern diese auch durch seinen Willen anderen auferlegt, dass seine Fähigkeit, das Universum zu kontrollieren, auch die Erscheinungen umfasst, die von anderen Menschen wahrgenommen werden.

Das Überleben der magischen Tradition[2]

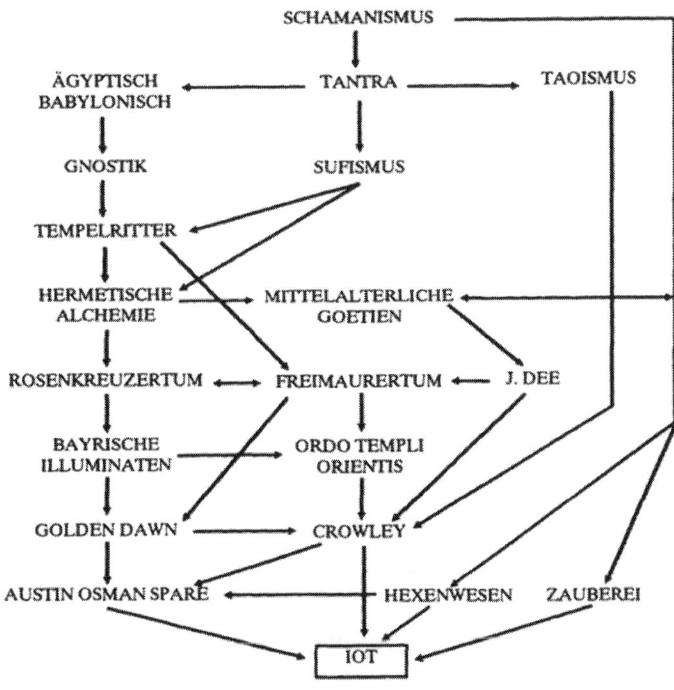

[2] Bildidee aus Liber Null, P. C. Carroll.

Meine persönliche magische Entwicklung wurde stark von der Arbeit im IOT beeinflusst und geprägt. Die in diesem Buch veröffentlichten Rituale sind zwar keine »offiziellen IOT-Rituale«, wurden aber zum Teil, dank der Ideen und Kritiken einiger Fratres und Sorores des Pakts, in die jetzt veröffentlichte Form gebracht.

2. IOT - Der Orden der Illuminaten von Thanateros

Der Name „IOT" bedeutet „Illuminates of Thanateros", wobei „Thanateros" eine Zusammenziehung der beiden griechischen Mythengestalten „Thanatos" (= Tod) und „Eros" (= Liebe!?) ist. Damit soll wieder einmal ein unvereinbarer Gegensatz doch noch vereint werden. Mittlerweile ist er auch unter dem Kurznamen „Der Pakt" bekannt. Schließlich schließt jeder einen Pakt mich sich selbst ab, wenn er darangeht, die Techniken und die Philosophie der Magie ernsthaft zu praktizieren. Der IOT wurde Anfang der siebziger Jahre in England gegründet, von einigen führenden Köpfen der Chaosmagie zu einer Zeit, als es die Chaosmagie, noch gar nicht so richtig gab...
Seit 1986 gibt es ihn auch im deutschsprachigen Raum, nachdem die Veröffentlichung des Einweihungsbuches „Liber Null" und des Nachfolgebandes „Psychonautik" über die Edition Magus in der deutschsprachigen Szene doch einiges Aufsehen erregt hatte. Mittlerweile gibt es den IOT auch schon in Übersee, ja sogar bei unseren Antipoden. Mehr Geschichte hat er (noch) nicht. Dabei kann man ihn ideologisch gar nicht so richtig zu fassen kriegen: eine richtige Ideologie kann ein Chaosmagier von vornherein nicht gut sein eigen nennen, vor allem nicht auf Dauer – für kurze Zeit kann man sich ja ruhig eine Ideologie mieten. Das ist eine gute Übung (wir nennen das Paradigmenwechsel), mehr nicht.
Manche sehen gewisse Unterschiede zwischen dem IOT und allgemeinen Trends der Chaosmagie, doch da das Chaos definitionsgemäß nicht zu definieren ist, so tut man sich auch bei dessen praktizierenden Anhängern schwer. Jedenfalls versucht der IOT, jenen Jüngern der Chaosmagie, die das wünschen, durch einen Hauch von Struktur und Organisation eine aufbauende Zusammenarbeit über längere Zeit hinweg zu ermöglichen. Es gibt da aber sicher auch noch andere Gruppen sowie die Möglichkeit, die Chaosmagie alleine zu betreiben. „Chaosmagie" ist eher der Oberbegriff, so wie der Begriff „Kabba-

lah“ ja auch eine Vielzahl von Orden, Gruppen und mehr oder weniger praktizierenden Einzelnen mit einschließt.
Obwohl Chaos von vielen als eine Art Unordnung gesehen wird (Zitat aus A. Savage's Buch „Chaos Magick“: Chaos is absence of form and order), beschreiben es die Schriften des IOT eher als eine Art schwangere Leere (Chaos contains all possibilities of all form and order). An anderer Stelle: „Chaos is order beyond understanding“ – also eine Ordnung jenseits unseres Begreifens. In diesem Sinne wird Chaos dann begriffsverwandt mit dem chinesischen Tao („Das Tao, das beschrieben werden kann, ist nicht das Tao“) oder dem germanischen Wyrd: die Welt der Zusammenhänge jenseits des Begreifens. Da nun das Chaos alle Dinge und Möglichkeiten enthält, kann es auch alles hervorbringen, indem es aus der Leere, dem Nichts (symbolisiert durch die Null), ein etwas und zugleich sein Gegenteil hervorbringt (symbolisiert durch zwei): etwa in der Art, wie beim Ausgraben eines Steines aus dem Boden einerseits der Stein und andererseits sein negativer Abdruck als Hohlraum im Boden entsteht. Paradox mathematisch ausgedrückt: 0 = 2. Man kann diese Polarität *Chaos* und *Ordnung* überall sehen und sie für die magische Arbeit nützen: ist Chaos das Ganze, das alles-in-allem, so ist Ordnung der Ausschnitt, der Raster, den man sich (subjektiv) über die Welt legt, damit man sich wenigstens in einem Teilbereich auskennt. (So ein ähnliches Hilfsmittel wie ein Stadtplan.) Denn naturgemäß kennzeichnet unser Streben die Flucht vor dem Irrtum.
Was die praktische Arbeit und das Programm des IOT betrifft, das er seinen Leuten zur Bearbeitung empfiehlt, so spannt es sich von einfachen Praktiken, wie etwa der Sigillenmagie des Austin Osman Spare, das Erlangen von veränderten Bewusstseinszuständen („Gnosis“ genannt) durch Atemtechnik, Rituale, Tanz, Lichtblitze etc. bis hin zur tiefgreifenden, selbstgewollten und – gewählten Persönlichkeitsarbeit als Grundlage eines magischen Lebensstils. Spontaneität ist im IOT sehr gefragt. Das beginnt damit, dass sich Kandidaten ein Ritual für ihre Aufnahme durchaus selber schreiben können (es gibt nur ansatzweise festgesetzte, vor allem aber keine dogmatischen Texte), dass immer wieder ermuntert wird, das Gelernte doch zur Bewältigung seiner alltäglichen Lebensfragen anzuwenden statt sich in hehrer Reinheit meditierend in die Einsamkeit zurückziehen zu müssen, und reicht bis zur Integration unserer alltäglichen technischen Hilfsmittel in das magische Weltbild. Man verwendet in manchen Übungen auch durchaus solche Elektrogeräte wie Stroboskop oder Ohmmeter und bekommt bei den Treffen auch schon einmal die eine oder andere Beziehung zwischen Chaosmagie und Physik zu hören oder versucht, die Wirksamkeit magischer Methoden in Gleichungen zu fassen. Dabei bedient man sich aber eher der Methoden der modernen Technik, als dass man

– wie manchmal anderswo leider noch üblich – krampfhaft versucht, die Existenzberechtigung der Magie oder Esoterik mit „wissenschaftlichen Labormethoden nachzuweisen“. Es existiert eine Gradstruktur, die im „Liber Pactionis“ beschrieben wird, und einige Standardrituale und Exerzitien, die sich »schamlos« solcher Namen wie „Messe des Chaos“ oder „Mönch/Nonne des Chaos“ bedienen. Solcherart bestehen wohl schriftlich fixierte Unterlagen, die jedoch alle als bloße Empfehlung aufzufassen sind – mit Ausnahme eines einzigen Satzes:

„Die stärkste Forderung, die ein Mitglied an ein anderes stellen kann, ist die Bitte.“

Fra. Foro

»Magie ist die Wissenschaft und die Kunst, Wechsel in Übereinstimmung mit dem Willen zu bewirken.«

Aleister Crowley

3. CHAOISTISCHE RITUALMAGIE

3.1. Voraussetzungen, Grundlagen, Begriffserklärungen

3.1.1. Die Erdung

Der Umgang mit unbekannten Kräften, mit starken, teilweise scheinbar übermächtigen Energien, verlangt ein gutes Maß an Standfestigkeit. Betrachten wir alte Naturvölker: Die Stammesmitglieder, die Kontakt mit Geistwesen aufnehmen konnten, diejenigen, die mit ihnen kommunizierten, wurden „Schamanen" genannt. Sah einer jedoch andauernd Geister, wurde er von ihnen unkontrolliert heimgesucht, und vernachlässigte er zudem seine Alltagspflichten im Rahmen der Gemeinschaft, so wurde der Betreffende bald für verrückt erklärt oder sogar verstoßen. Ähnliches begegnet uns bei den alten Kabbalisten. Jeder, der früher die Kabbala studieren wollte, musste nicht nur ein gewisses Alter erreicht haben, sondern auch unter Beweis stellen, dass er im Berufsleben seinen Mann stehen kann. »Abheben« haben heute schon viele gelernt. In einer Zeit, in der der Umgang mit Drogen keine Seltenheit und keineswegs auf rituellen Gebrauch beschränkt ist, scheint es umso wichtiger nicht den Boden unter den Füßen zu verlieren. Die Einbettung in einen »normalen« Berufsalltag hilft bei der Erdung. Sie gibt dem Magier Halt in Zeiten, in denen er vielleicht das Gefühl hat, dass ihm der Boden unter den Füßen weggezogen wird.

3.1.2. Die Voraussetzungen zur Durchführung magischer Arbeiten

Die Fähigkeit des Visualisierens bzw. Imaginierens: Visualisieren bedeutet nicht, wie oft beschrieben, Wesenheiten und Sigillen unbedingt mit dem körperlichen Auge wahrnehmen zu können. Wenn Sie Ihre Pentagramme riechen, fühlen oder hören können, ist das zumindest genauso gut. Lassen Sie sich nicht beirren. Viele Anfänger stoßen sich daran, nicht gleich optisch wahrnehmen zu können, und unterstützen damit ihren persönlichen Zensor, der ihnen ohnehin andauernd weismachen will, dass das alles Kinderkram ist. Genießen Sie es, Ihre Pentagramme zu riechen, und Sie werden bald feststellen, dass sie von Mal zu Mal in der Dichte ihrer Konsistenz zunehmen.

Die Fähigkeit Gnosis - veränderte Bewusstseinszustände zu erlangen und wieder unbeschadet in den Alltagszustand zurückzukehren: Veränderte Bewusstseinszustände sind der Schlüssel zu magischen Fähigkeiten und tragen in jeder Tradition einen anderen Namen: Nicht-Denken, absolutes Schweigen, Beenden des inneren Dialogs, Transzendenz, geistiges Vakuum,

Schlüpfen durchs Nadelöhr, Einspitzigkeit, Ain oder Nichts, zentriert sein, Gnosis, ...
Die Fähigkeit „Gnosis“ oder veränderte Bewusstseinszustände zu erlangen schlummert in uns allen. Manche haben es, zugegeben, etwas leichter als andere, aber mit etwas Überlegung kann jeder schnell die für ihn geeigneten Techniken erkennen.
Prinzipiell unterscheidet man bei den Techniken zur Erlangung von Gnosis zwei Gruppen:

1. **Erregungstechniken**, wie z. B.: sexuelle Erregung, Gefühlsbewegungen (Furcht, Wut, Entsetzen, ...), richtiges Gehen, Tanzen, Trommeln, Singsang, Schmerzfolter, Flagellation, erregende oder enthemmende Drogen, milde Halluzinogene, erzwungene Atmungs-Hyperventilation, Überflutung mit Sinnesreizen, ...
2. **Dämpfungsmethoden**, wie z. B.: Todeshaltung, Konzentration, Schlafentzug, Fasten, Erschöpfung, Starren, hypnotische und tranceinduzierende Drogen, Entzug der Sinnesreize (sensorische Deprivation).

Die Fähigkeit des magischen Vergessens: Bedenken Sie von Anfang an: Der Bauer gräbt auch nicht jeden Tag das Saatgut aus, um zu sehen, ob die Körner bereits keimen. Führen Sie magische Operationen kompromisslos, mit größtmöglicher Konzentration, Gnosis und Hingabe durch. Danach »vergessen« Sie. Mit magischem Vergessen ist jedoch nicht gemeint, dass Sie niemals einen Gedanken an die durchgeführte Operation verschwenden dürfen, sondern vielmehr, dass man die Dinge einfach ruhen lässt. Die Angelegenheit zu betrachten oder mit Gleichgesinnten zu besprechen, sollte erst dann geschehen, wenn der vorher festgesetzte Zeitrahmen für die Operation oder die magische Erfolgskontrolle abgelaufen ist.

3.1.3. Die Grundstrukturen des magischen Rituals

1. **Vorbereitung**
2. **Bannung, Reinigung**
3. **Hauptteil**
4. **Danksagung, Entlassungsformel;**
   Abschließende Bannung/Reinigung
5. **Nachbereitung des Rituals**

Zu 1. Vorbereitung des Rituals: Zur Vorbereitung gehören die Zielsetzung, die Auswahl der Utensilien, das Festlegen des Ritualablaufs sowie das innerliche Sicheinstellen auf das Ritual und seinen Zweck. Oftmals stellt eine gründliche Planung schon die halbe Durchführung des Rituals dar. Trotzdem sollte man unbedingt, auch bei einem untrüglichen Gefühl, dass ohnehin schon alles erledigt ist, das Ritual durchführen. Sei es auch nur als symbolische Danksagung.

Zu 2. Die eröffnende Bannung und Reinigung: Hier wird der Schritt vom Alltagsbewusstsein zum magischen oder schamanischen Bewusstsein getan. Der Geist wird von den Alltagsgedanken befreit. Es ist wichtig, ein bewusstes Zeichen zu setzen, den Alltagszustand zu verlassen und später wieder zu erlangen, um jede Trance oder Besessenheit willentlich geschehen zu lassen und auch wieder zu beenden.

Zu 3. Der Hauptteil: stellt die eigentliche spezielle magische Operation dar. Dazu gehört das Rufen von Energien, ihre Lenkung, Invokationen, Ladung von Talismanen und Amuletten, Evokationen, ...
Ladung: Wird im Folgenden von Ladung gesprochen, ist damit gemeint, die im Raum vorhandene, evozierte, oder invozierte Energie mit allen zur Verfügung stehenden Mitteln zu projizieren. Schleudern, pressen, ziehen Sie die Energie ins Zentrum (Sakrament, Talisman, Amulett, ...) oder visualisieren, imaginieren, fühlen Sie, wie sie sich dort ballt.

Zu 4. Danksagung, Entlassungsformel, die abschließende Bannung und Reinigung: symbolisiert den Wiedereintritt ins Alltagsbewusstsein.

Zu 5. Die Nachbereitung des Rituals: besteht aus der Eintragung ins magische Tagebuch und der anschließenden Erfolgskontrolle.
Im Teil »Analogien und Korrespondenzen« werden sich sicherlich eine Menge unterstützende Informationen finden, um eigene Rituale zu durchzuführen. Scheuen Sie sich nicht davor, eigene Ideen und Strukturen zu entwickeln. Oftmals sind die eigenen, ungeschliffenen und scheinbar nicht so spektakulären Rituale die effektivsten. Warum? – Bei einem »selbstgeschnitzten« Ritus hat das Unbewusste zu jedem Wort, jedem Schritt, jedem Geruch und jeder Geste eine assoziative Verbindung. Beim Erlernen von seitenlangen hebräischen Texten, ohne jeden weiteren Hintergrund, lässt diese Verbindung zumindest beim Neuling schwer zu wünschen übrig. Wesentlich im Folgenden ist allein, ob ES funktioniert, ob Sie zu den Ergebnissen gelangen, die Sie wollen.

3.1.4. Die magischen Disziplinen

Evokation: ist die Kunst, mit magischen Wesen[3] umzugehen, die durch verschiedenste magische Handlungen erschaffen oder kontaktiert werden, und sie mit Pakten und Exorzismen zu beschwören und ihnen zu befehligen.

Invokation: ist die Kunst, Wesenheiten und Kräfte in sich zu rufen, d. h., sich bewusst besessen zu machen. Der Unterschied zur klassischen Besessenheit besteht nur in der Kontrolle über das Geschehen, die der Magier im Falle einer Invokation aufrecht erhält.

Augoides
Befreiung
Illumination
Divination
Verzauberung
Evokation
Invokation

Divination: ist die Kunst, Wellen (Informationen) aus dem Raum-Zeitkontinuum zu empfangen und entsprechend zu deuten.

Verzauberung: ist die Kunst, das Universum entweder unmittelbar, oder mittelbar (durch Symbole, Sigillen, ...) zu beeinflussen.

Augoides, Illumination: Dieser Punkt umreißt die vielleicht wichtigste Arbeit eines jeden Magiers, doch würde es den Rahmen dieses Buches bei weitem sprengen, darauf eingehen zu wollen. Die einzigen Sätze zu diesem Thema sollen hier sein: Wer sich mit seinem »wahren Willen« intensiv beschäftigt, verschreibt sich dem magischen Weltbild in seiner Totalität. Er übernimmt volle Verantwortung für seine gegenwärtige Inkarnation und muss jede Erfahrung, jedes Ding oder jede Information, die ihm aus jeder beliebigen Quelle zukommt, als eine Reflektion dessen ansehen, wie er mit seiner Existenz umgeht.

3.1.5. Sigillen

Schon bei Agrippa[4] stehen Sigillen[5] für bestimmte Planetenintelligenzen. In A. O. Spare's (1886-1956) System gibt es keine fertigen Sigillen. Entschei-

---

3 Chaosmagisch ist der Begriff „magische Wesenheiten" keineswegs als rein außenstehende Kraft oder selbständiges Wesen im klassischen Sinn zu betrachten, sondern vielmehr als Ballung und Manifestation von Energie, die außerhalb des Magiers in den Raum projiziert wird.

4 H.C. Agrippa von Nettesheim, 1510.

5 Sigillen sind graphische Darstellungen eines durch verschiedene Techniken umgeformten Willenssatzes.

dend ist, dass ein Sigill vom Magier selbst geschaffen wird und somit für ihn selbst bedeutungsvoll ist. Die so entstandene Assoziationskette bis hin zur fertigen Sigill wirkt als Katalysator magischen Wollens. Wie sieht nun Spares Praxis aus?

1) Ein Willenssatz wird formuliert[6]: z. B.: Dies mein Wille, dass ich die Kraft eines Tigers bekomme.

2) Alle mehrfach vorkommenden Buchstaben werden eliminiert:

D I E S M ~~E I~~ N W ~~I~~ L ~~L E D~~ A ~~S S I~~ C H ~~D I E~~ K R ~~A~~ F T ~~E I N E S T I~~ G ~~E R S~~ B ~~E K~~ O ~~M M E~~

3) Aus den noch verbleibenden Buchstaben:

D, I, E, S, M, N, W, L, A, C, H, K, R, F, T, G, B, O

4) Wird nun durch Verschmelzung, Vereinfachung und Stilisierung ein Sigill konstruiert:

Spare's Grundgedanke ist, das Sigill samt ihrer Bedeutung ins Unbewusste einzupflanzen. Das Einpflanzen bzw. die Aufladung geschieht bei Spare in Trance: Im Rausch (Drogen), in Ekstase (z. B. sexualmagisch) oder durch Ermüdung (z. B. Todeshaltungen). Das Sigill wird spasmisch verinnerlicht und dann vergessen. Eine weitere Spezialisierung stellen die Worte der Kraft dar. Es handelt sich hier um akustische Sigillen, die auch akustisch internalisiert werden. Ausgangspunkt ist wieder ein Willenssatz, der wie bereits beschrieben reduziert wird. Die Buchstabenfolge kann durch Umstellen oder Ergänzen von Vokalen verfremdet werden, damit das fertige Wort kein Zungenbrecher wird und sich leicht intonieren lässt. Allerdings eignen sich Worte mit hartem Klang, d. h. mit mehreren Konsonanten, sehr gut. Die (aus unserem Beispiel) nach der Reduzierung verbliebenen Buchstaben waren:

D, I, E, S, M, N, W, L, A, C, H, K, R, F, T, G, B, O

K R F T

O O A

So erhält man zum Beispiel das Wort: KOROFAT als geeignetes Wort. Dabei sind der Phantasie und dem Einfallsreichtum des Konstrukteurs keine Grenzen gesetzt. Auf diese Weise kann man auch längste Willenssätze auf kurze Worte reduzieren, ohne deren Sinn zu beschneiden. Empfehlenswert ist es, in Willenssätzen eine zeitliche Begrenzung unterzubringen (...bis morgen, ...bis nächsten Monat... usw.), um eine Erfolgskontrolle überhaupt erst zu ermöglichen.

[6] Verwenden Sie zum Anfang keine Negativformulierungen. Ä = AE, Ö = OE, Ü = UE.

3.1.6. Der magische Blick

Entspannen Sie sich. Fixieren Sie mit Ihrem Blick einen Punkt an der Wand. Entspannen Sie nun den Blick, sehen Sie links und rechts an dem Punkt vorbei (Schärfe auf Unendlich). Ihr Gesichtsfeld wird sich auf 180° ausweiten. Anfangs wird diese Technik von heftigen Tränenausbrüchen Ihrer Augen begleitet werden. Zucken Sie trotzdem nicht. Lassen Sie die Tränen fließen und die Augen geöffnet. Sobald Ihre Gedanken zur Ruhe kommen, lässt auch das Tränen nach. Mit einiger Übung wird es Ihnen auch möglich sein, den magischen Blick aufrecht zu halten, wenn Sie den Kopf bewegen, oder im Raum umhergehen. Die Übung eignet sich auch vorzüglich zum Erlernen des Aurasehens. Starren Sie Ihr Gegenüber in der Höhe des Halschakras an, und lassen Sie den Blick locker. Sehen Sie links und rechts am Hals vorbei. Es ist besonders anfangs sehr hilfreich, einen gleichmäßig beleuchteten, weißen Hintergrund zu wählen.

3.1.7. Die magischen Waffen

Über Herstellung, Weihe und Gebrauch der magischen Waffen wurde schon viel geschrieben. Der Chaosmagier ist jedoch weder auf bestimmte Waffen, geschweige denn auf ihre spezielle Herstellung angewiesen. Ich kenne verschiedene Magier, die die obskursten Dinge, von Knochensplittern bis zum Plastikstab, als magische Waffen gebrauchen. Die damit gebündelte Kraft hängt ja doch wieder allein vom Magier ab.
Die Grundausstattung magischer Waffen sind nach wie vor der Dolch - um Pentagramme, Kreise, Sigillen und Glyphen zu ziehen, und der Kelch - um ein Sakrament aufzunehmen. Alle weiteren Waffen, die der Magier benötigt, werden sich ihm im Laufe der Zeit gleichsam aufdrängen.
Der »Zauberstab«: In der Vorstellung des modernen Menschen ist der »Zauberstab« - falls er nicht völlig unsinnig erscheint - zum Attribut des Zauberclowns im Varieté oder Zirkus geworden. Diesen »Zauberstab« mit dem königlichen Zepter, dem Stab des Feldherrn (Marschallstab) zu vergleichen, käme ihm gar nicht in den Sinn. Und doch ist der Zauberstab derjenige gewesen, der die höchste Macht repräsentierte und weit über die des königlichen Zepters hinausging. In jenen Zeiten nämlich, als der »Magier« noch der Halbgott seinen Volkes war und über den Königen stand. Heute gibt es in dem gottesdienstlichen Ritual des tibetischen Lamaismus noch einen Gebetszepter, »Dortschen« genannt, der an dieser Stelle ahnen lässt, was er einst war: Zeichen der Würde, der Macht in allen Reichen, nicht nur des irdischen Plans. In diesem Sinne - im Sinne des Dirigentenstabes, der alle Instrumente zu einem

Zusammenklang aufruft und die schöpferische Leistung des Meisters übermittelt, muss der Magier den Stab erfassen. Dann gehorchen ihm, kraft dieser Autorität, alle Kräfte in und um sich.

3.1.8. Magische Sprachen

Der Gebrauch von magischen Sprachen wie HENOCHISCH oder BARBARISCH hat im Ritual oft ungeahnt trancefördernde Wirkung. Da die Besprechung und Einführung in diese Techniken bereits die Seiten eines weiteren Buches füllen würden, möchte ich allen, die eigene Rituale entwickeln, empfehlen, sich entweder entsprechend weiter zu bilden, lateinische Texte zu verwenden, oder ganz einfach zu experimentieren, ihre Ritualtexte in fremde Sprachen zu übersetzen. Oftmals eröffnet dieser „Trick“ völlig neue Möglichkeiten.

3.2. Korrespondenzen[7]

»Ich widerspreche mir selbst?
Nun, gut so: Ich widerspreche mir selbst.
Ich bin groß: ich vermag eine Menge zu fassen.«

W. W.

Die im Folgenden angeführten Korrespondenzen entsprechen den Erfahrungswerten vieler praktizierender Magier der Vergangenheit und der Gegenwart. Sie sind selbstverständlich im Zweifelsfall durch die Assoziationen, die sich durch persönliche Erfahrung und Praxis ergeben, zu ersetzen.

3.2.1. Die Tattwas

ELEMENT	ERDE	LUFT	WASSER	FEUER
	🜃	🜁	🜄	🜂
Erzengel	Auriel	Raphael	Gabriel	Michael
E. Geist	Gnomen	Sylphen	Undinen	Salamander
Kard. Pkt.	Norden	Osten	Westen	Süden
Tierkreiszeichen	Stier	Mensch	Adler	Löwe
Astrolog. Entspr.	Taurus	Aquarius	Scorpio	Leo
Hebräisch	End-He	Vau	He	Jod

7 Diese stammen weitgehend aus d. System d. Golden Dawn, A. Crowleys &. v. Fra. V.·.D.·..

3.2.2. Die Element-Zeichen

Das Zeichen der Gnomen ist das Zeichen des Elements Erde. Es wird durch Erheben des rechten Armes im Winkel von 45° gestellt.

Das Zeichen der Sylphen ist das Zeichen des Elementes Luft. Die Füße stehen zusammen, beide Arme werden erhoben und wieder niedergelassen, mit dem Handteller nach oben, als ob ein Gewicht darauf ruhe. Es ist auch das Zeichen des griechischen Gottes Atlas, der das Universum auf seinen Schultern trug.

Das Zeichen der Undinen ist das Zeichen des Elements Wasser. Es wird mit zusammengelegten Händen gestellt, indem man die Arme hebt, bis die Ellbogen auf gleicher Höhe mit den Schultern sind. Dann bildet man aus Daumen und Zeigefingern ein Dreieck – mit der Spitze nach unten – vor der Brust.

Das Zeichen der Salamander ist das Zeichen des Elements Feuer. Es wird durch Erheben der Hände zur Stirn gestellt. Weiter wird mit Daumen und Zeigefingern ein Dreieck – mit der Spitze nach oben – gebildet.

3.2.3. Die Pfortenzeichen

Das Zeichen des Zerreißens des Schleiers wird durch Erheben der Ellbogen – bis die Hände in Höhe des Magens sind – gestellt. – Handteller nach vorn, Daumen zuunterst, als ob versucht würde, einen Schleier zu öffnen.
Das Zeichen des Schließens des Schleiers wird durch Ausstrecken der Arme gestellt – Daumen nach oben, als ob versucht wird, den Schleier zu schließen.

3.2.4. Runenentsprechungen

Das ältere Futhark besteht aus 24 Runen, die in drei 8er-Reihen (att)[8] wie folgt zusammengefasst werden:

ᚠ **FEHU**	ᚢ **URUZ**	ᚦ **THURISAZ**	ᚨ **ANSUZ**
ᚱ **RAIDO**	ᚲ **KENAZ**	ᚷ **GEBO**	ᚹ **WUNJO**
ᚺ **HAGALAZ**	ᚾ **NAUDHIZ**	ᛁ **ISA**	ᛃ **JERA**
ᛇ **EIHWAZ**	ᛈ **PERTHRO**	ᛉ **ALGIZ**	ᛊ **SOWILO**
ᛏ **TIWAZ**	ᛒ **BERKANO**	ᛖ **EHWAZ**	ᛗ **MANNAZ**
ᛚ **LAGUZ**	ᛜ **INGWAZ**	ᛞ **DAGAZ**	ᛟ **OTHALA**

3.2.5. Runentabelle

RUNE	GALDR (Beschwörung)	SCHLÜSSEL
FEHU	feeehuu (fu fa fi fe fu)	Vieh, Geld, Energie, bewegliche Kraft
URUZ	uuuruuzz (uuuurrrrr)	Auerochse, vitale Kraft, Gesundheit
THURISAZ	thuuriisazz (thur thar thir)	Riese, Mjoelnir, Kraft, Macht
ANSUZ	Aansuuz (aaaaasssssss)	Odin, Gott, göttliches Wissen
RAIDO	raaiihdhoo (ru ra ri re ro)	Wagen, Ritual, Ordnung
KENAZ	kaunaaz (ku ka ki ke ko)	Fackel, kontrollierte Energie
GEBO	geeboo (gub gab gib geb gob)	Gabe, Geschenk, Opfer, Gastfreund
WUNJO	wunjjoo (wu wa wi we wo)	Fröhlichkeit, Familien-Clan
HAGALAZ	hahgahlaz (hu ha hi he ho)	Hagelkorn, Vollendung, kosmisches Muster
NAUDHIZ	naudhiiz (nu na ni ne no)	Not, Notwendigkeit, Leid, Widerstand
ISA	iisaa (iiiiiisssss)	Eis, Ego, Konzentration
JERA	jeera (jur jar jir jer jor)	Das Jahr, die Ernte, Belohnung
EIWAZ	iiwaaz (iwu iwa iwi iwe iwo)	Die Eibe, göttliche Einweihung
PERTHRO	pehrthroo (purdh pardh ...)	Losbrecher, Zeit, drei Nornen
ALGIZ	alghiiizz (az iz ez)	Elche, passive Verteidigung
SOWILO	soowiloo (soooollll)	Sonne, Erfolg, mag. Wille, Führung
TIWAZ	tiiwazz (tiiiiirrrr)	Tyr, Gerechtigkeit, Selbstaufopferung
BERKANO	beerkahnoo (beeeerrrrr)	Birkengöttin, Erdenmutter, Geheimnis
EHWAZ	eeehhhwhooo (eeehhwhaazz)	Pferd, Vertrauen, Reise
MANNAZ	maannazz (mmmmaaaannn)	Mann, Androgyn, göttl. Verbindung
LAGUZ	laaguuuuzz (ul al il el ol)	Urwasser, Leben, Wachstum
INGWAZ	iiiinnngwahz (iiiinnnngggg)	Der Erdgott Ing, Reifung, Energie
DAGAZ	daaaggaaazz	Der Tag, Licht, Polarität
OTHALA	ooothaalla (oooooooooo)	Ererbter Besitz, Wohlstand, heilige Umgrenzung

8 Der Grund für diese Anordnung, die man auch das att-System nennt, liegt in der Zahlenkunde der Runen, die wiederum wichtig für das Zusammenstellen von Runen für eine Binde-Rune ist.

3.2.6. Jahresregenten-Tabelle

PLANET	JAHRE														
Sonne	1940	1947	1954	1961	1968	1975	1982	1989	1996	2003	2010	2017	2024	2031	2038
Venus	1941	1948	1955	1962	1969	1976	1983	1990	1997	2004	2011	2018	2025	2032	2039
Merkur	1942	1949	1956	1963	1970	1977	1984	1991	1998	2005	2012	2019	2026	2033	2040
Mond	1943	1950	1957	1964	1971	1978	1985	1992	1999	2006	2013	2020	2027	2034	2041
Saturn	1944	1951	1958	1965	1972	1979	1986	1993	2000	2007	2014	2021	2028	2035	2042
Jupiter	1945	1952	1959	1966	1973	1980	1987	1994	2001	2008	2015	2022	2029	2036	2043
Mars	1946	1953	1960	1967	1974	1981	1988	1995	2002	2009	2016	2023	2030	2037	2044

3.2.7. Planetenstunden nach der Ägyptischen Ordnung

Tagesstunden ab Sonnenaufgang

STUNDE	SO	MO	DI	MI	DO	FR	SA
1	SONN	MOND	MARS	MERK	JUPI	VENU	SATU
2	VENU	SATU	SONN	MOND	MARS	MERK	JUPI
3	MERK	JUPI	VENU	SATU	SONN	MOND	MARS
4	MOND	MARS	MERK	JUPI	VENU	SATU	SONN
5	SATU	SONN	MOND	MARS	MERK	JUPI	VENU
6	JUPI	VENU	SATU	SONN	MOND	MARS	MERK
7	MARS	MERK	JUPI	VENU	SATU	SONN	MOND
8	SONN	MOND	MARS	MERK	JUPI	VENU	SATU
9	VENU	SATU	SONN	MOND	MARS	MERK	JUPI
10	MERK	JUPI	VENU	SATU	SONN	MOND	MARS
11	MOND	MARS	MERK	JUPI	VENU	SATU	SONN
12	SATU	SONN	MOND	MARS	MERK	JUPI	VENU

Nachtstunden ab Sonnenuntergang

STUNDE	SO	MO	DI	MI	DO	FR	SA
1	SONN	MOND	MARS	MERK	JUPI	VENU	SATU
2	VENU	SATU	SONN	MOND	MARS	MERK	JUPI
3	MERK	JUPI	VENU	SATU	SONN	MOND	MARS
4	MOND	MARS	MERK	JUPI	VENU	SATU	SONN
5	SATU	SONN	MOND	MARS	MERK	JUPI	VENU
6	JUPI	VENU	SATU	SONN	MOND	MARS	MERK
7	MARS	MERK	JUPI	VENU	SATU	SONN	MOND
8	SONN	MOND	MARS	MERK	JUPI	VENU	SATU
9	VENU	SATU	SONN	MOND	MARS	MERK	JUPI
10	MERK	JUPI	VENU	SATU	SONN	MOND	MARS
11	MOND	MARS	MERK	JUPI	VENU	SATU	SONN
12	SATU	SONN	MOND	MARS	MERK	JUPI	VENU

3.2.8. Planetenstunden nach der Chaldäischen Ordnung[9]

Tagesstunden ab Sonnenaufgang

STUNDE	SO	MO	DI	MI	DO	FR	SA
1	SONN	MOND	MARS	MERK	JUPI	VENU	SATU
2	VENU	SATU	SONN	MOND	MARS	MERK	JUPI
3	MARS	JUPI	VENU	SATU	SONN	MOND	MARS
4	MOND	MARS	MERK	JUPI	VENU	SATU	SONN
5	SATU	SONN	MOND	MARS	MERK	JUPI	VENU
6	JUPI	VENU	SATU	SONN	MOND	MARS	MERK
7	MARS	MERK	JUPI	VENU	SATU	SONN	MOND
8	SONN	MOND	MARS	MERK	JUPI	VENU	SATU
9	VENU	SATU	SONN	MOND	MARS	MERK	JUPI
10	MERK	JUPI	VENU	SATU	SONN	MOND	MARS
11	MOND	MARS	MERK	JUPI	VENU	SATU	SONN
12	SATU	SONN	MOND	MARS	MERK	JUPI	VENU

Nachtstunden ab Sonnenuntergang

STUNDE	SO	MO	DI	MI	DO	FR	SA
1	JUPI	VENU	SATU	SONN	MOND	MARS	MERK
2	MARS	MERK	JUPI	VENU	SATU	SONN	MOND
3	SONN	MOND	MARS	MERK	JUPI	VENU	SATU
4	VENU	SATU	SONN	MOND	MARS	MERK	JUPI
5	MERK	JUPI	VENU	SATU	SONN	MOND	MARS
6	MOND	MARS	MERK	JUPI	VENU	SATU	SONN
7	SATU	SONN	MOND	MARS	MERK	JUPI	VENU
8	JUPI	VENU	SATU	SONN	MOND	MARS	MERK
9	MARS	MERK	JUPI	VENU	SATU	SONN	MOND
10	SONN	MOND	MARS	MERK	JUPI	VENU	SATU
11	VENU	SATU	SONN	MOND	MARS	MERK	JUPI
12	MERK	JUPI	VENU	SATU	SONN	MOND	MARS

Sonnenauf- und Untergangstabelle

Diese Tabelle (nächste Seite) gilt genau genommen nur für den Bereich: 10-12 Grad östliche Länge und 46-50 Grad nördliche Breite.

9 Siehe auch Anubis Nr. 5.

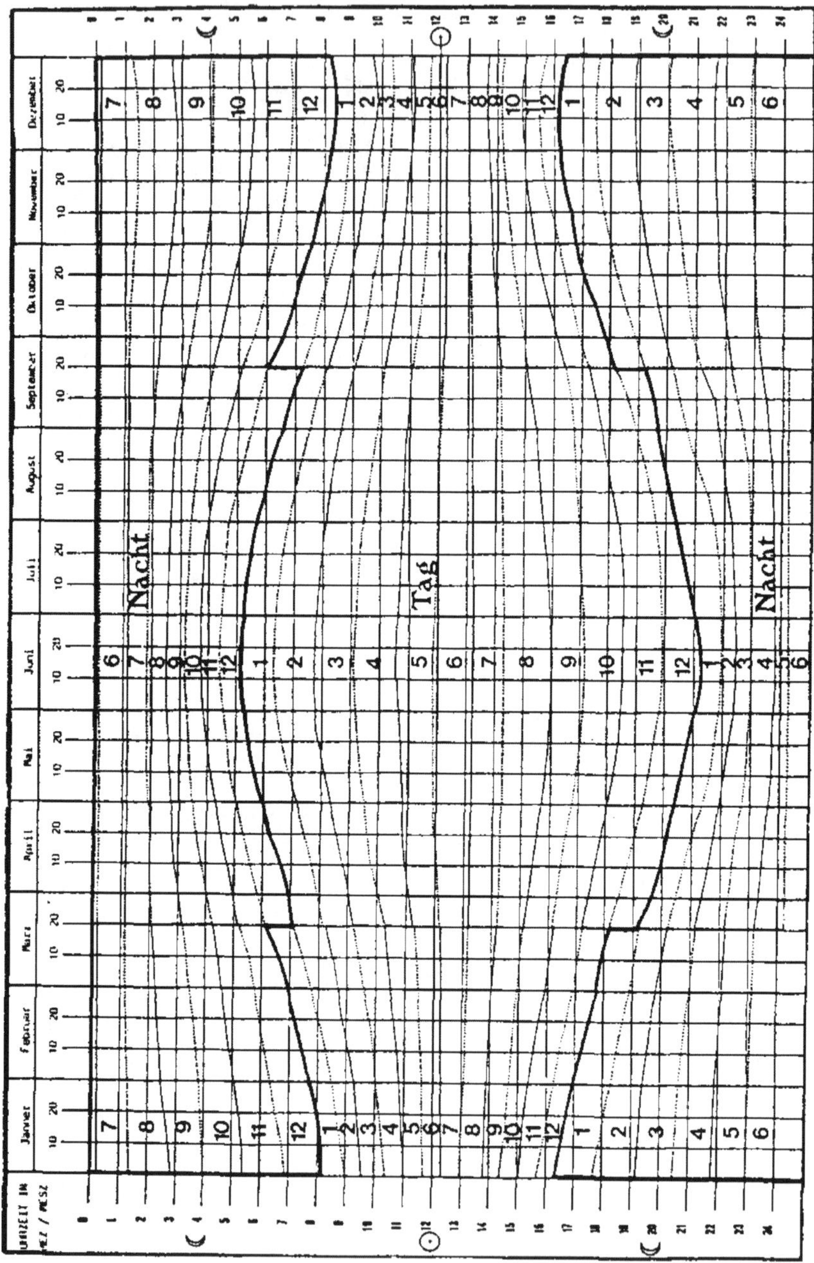
Nacht
Tag
Nacht

3.2.9. Diverse Korrespondenzen[10]

PLANET: Sonne **Symbol:** ☉
Zahl: 6
Wochentag: Sonntag
Metall: Gold
Farbe: gold, gelb
Edelstein: Topas, Heliotrop
Duft: Olibanum, Zimt, herrliche Düfte
Pflanze: Wein, Akazie, Lorbeer

PLANET: Mond **Symbol:** ☽
Zahl: 9
Wochentag: Montag
Metall: Silber
Farbe: weiß, silber
Edelstein: Mondstein, Perle, Kristall
Duft: Ginseng, Jasmin, alle süßen, jungfräulichen Düfte
Pflanze: Damiana, Mandragora, Mandel

PLANET: Mars **Symbol:** ♂
Zahl: 5
Wochentag: Dienstag
Metall: Eisen
Farbe: rot
Edelstein: Rubin
Duft: Drachenblut, Pfeffer, Tabak, heiße, stechende Düfte
Pflanze: Eiche, Brennnessel, Brechnuss
Griech. Gott: Ares, Hades

PLANET: Merkur **Symbol:** ☿
Zahl: 8
Wochentag: Mittwoch
Metall: Messing, Quecksilber
Farbe: orange, gelb
Edelstein: Achat, (Feuer-) Opal
Duft: Storax, Mastix, flüchtige, luftige Düfte
Pflanze: Salbei, Peyote
Griech. Gott: Hermes

PLANET: Jupiter **Symbol:** ♃
Zahl: 4
Wochentag: Donnerstag
Metall: Zinn
Farbe: blau, königsblau
Edelstein: Amethyst, Saphier
Duft: Zinnkraut, Safran, großzügige Düfte
Pflanze: Olive, Shamrock (Kl. Goldklee)
Griech. Gott: Zeus

PLANET: Venus **Symbol:** ♀
Zahl: 7
Wochentag: Freitag
Metall: Kupfer
Farbe: grün
Edelstein: Smaragd, Türkis
Duft: Rose, Myrthe, alle sanften, lüsternen Düfte
Pflanze: Rose, Myrte, Klee
Griech. Gott: Aphrodite, Nike

PLANET: Saturn **Symbol:** ♄
Zahl: 3
Wochentag: Samstag
Metall: Blei
Farbe: schwarz, braun
Edelstein: Onyx
Duft: Asant, Skammonia, Indigo, üble Düfte
Pflanze: Eibe, Zypresse, Nachtschattengewächse
Griech. Gott: (Athena)

---

10 Die Korrespondenzen stammen weitgehend aus den Systemen des Golden Dawn, Aleister Crowleys und dem Kursus der prakt. Magie, Mod. 1, Heft 6 von Frau. V ∴ D ∴

Tabelle der Zuordnung der Elemente

Rufen Sie ein bestimmtes Element an, können Sie dies durch das Schlagen des korrespondierenden Pentagramms unterstützen.

	🜂	🜄	🜁	🜃
FARBE	Rot	Blau	Gelb	Braun
HIMMELS-RICHTUNG	Süden	Westen	Osten	Norden
TATTWA	Rotes Dreieck	Silberner Halbmond	Blauer Kreis	Gelbes Quadrat
MAGISCHE WAFFE	Stab	Kelch	Dolch	Pentakel
STEIN	Feueropal	Aquamarin	Chalzedon	Bergkristall
RÄUCHERUNG	Olibanum	Myrte	Pfefferminz, Galbanum	Styrax
TAROT	Das Äon	Der Gehängte	Der Narr	Das Univer-sum

Zugrichtung der Elementpentagramme

Die angegebenen Zugrichtungen beziehen sich auf die BANNENDEN Pentagramme, da meist diese in chaoistischen Ritualen Verwendung finden. Die klassisch ANRUFENDEN Pentagramme zieht man gegenläufig.
z. B. Erdpentagramm:
BANNEND – beginnend von Erde zu Äther
ANRUFEND – beginnend von Äther zu Erde

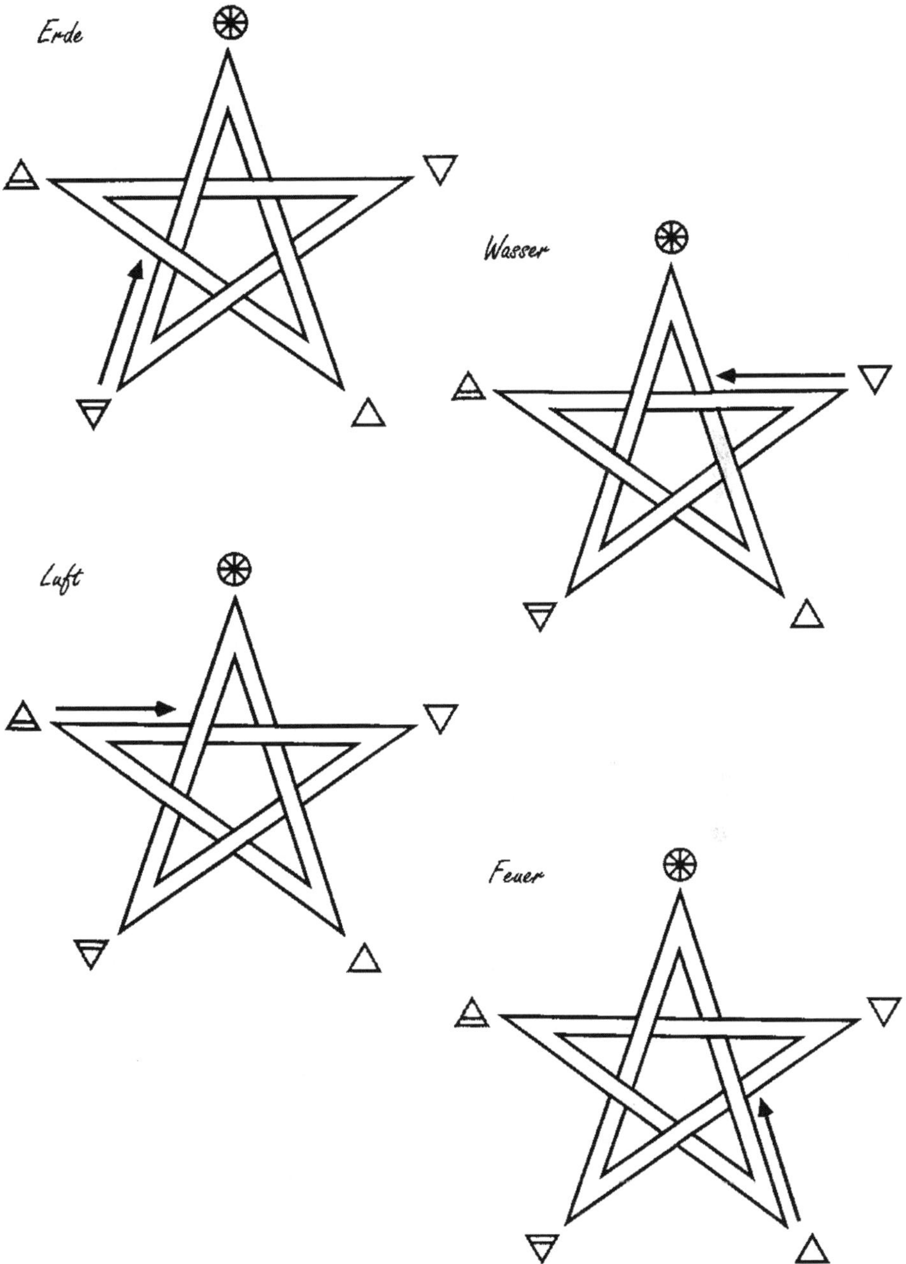
Erde
Wasser
Luft
Feuer

»Laßt uns zugeben, was alle Idealisten zugeben - die illusorische Natur der Welt. Laßt uns tun, was kein Idealist getan hat - laßt uns nach Unwirklichkeiten suchen, die diese Natur bestätigen. Ich glaube, wir werden sie in den Antinomien von Kant und in der Dialektik von Zeno finden... »Der größte Zauberer (schreibt Novalis in seinen Memoiren) ist wahrscheinlich derjenige, der sich selbst bis zu einem Maß verhext hat, daß er seine eigenen Phantasmagorien als autonome Erscheinungen akzeptiert. Wäre das kein Beweis für uns.« Ich vermute, daß dies so ist. Wir (diese unteilbare Gottheit die in uns wirkt) haben diese Welt geträumt, die im Raum allgegenwärtig und in der Zeit stabil ist; aber wir haben zugestimmt, daß feine und ewige Intervalle von Unlogik in ihrer Architektur auftreten, von der wir wissen sollten, daß sie falsch ist.«

Jorge Luis Borges: Other Inquisitions

3.3. Schutz und Angriff

3.3.1. Magischer Schutz, wozu?

Die Möglichkeiten, sich magisch zu schützen, sind beinahe unbegrenzt. Trotzdem empfiehlt sich ein sparsamer Umgang, da jeder Mensch das Bestreben hat, unangenehmen Situationen auszuweichen. Dieses Bestreben als Vermeidungsverhalten zu verstärken und zu unterstützen, ist nicht Sinn und Zweck magischen Schutzes. Außerdem - es hat immer Konsequenzen, wenn man sich lange Zeit einer Kraft gegenüber verschließt. Möglicherweise findet man Erleichterung durch das Ausgrenzen angsterzeugender Energien und Situationen. Anfangs ist auch das daraus resultierende Ungleichgewicht sicher nicht zu bemerken. Später fällt einem dann jedoch unvermutet alles auf den Kopf,- was allerdings nicht mit der in esoterischen Kreisen üblichen Meinung, die »böse, schwarze Magie« falle stets auf ihren Verursacher zurück, konform geht. Es gilt vielmehr: »To ignore a god, is to invoke a demon.« Es ist kein Problem, sich für einen festgelegten Zeitraum einem Spezialgebiet zu verschreiben oder ein extremes Ritual durchzuführen, doch insgesamt sollte der Magier darauf bedacht sein, aus seinem Hara (seiner inneren Mitte) heraus zu agieren und diesen Zustand durch eine gewisse Ausgeglichenheit der magischen Arbeiten zu unterstützen - das ist der einzige »gesunde« Dauerschutz.

Die Bedeutung der Schutzrituale ist mehrfacher Art. Der Magier oder Schamane benutzt diese Rituale um sich während der Arbeit vor äußeren Einflüssen oder vor Fremdbeeinflussung und magischen Angriffen zu schützen. Gleichzeitig, und das ist mindestens genauso wichtig, setzt er ein äußeres Zeichen für den Eintritt in einen veränderten Bewusstseinszustand bzw. für den Wiedereintritt in das »Alltagsbewusstsein«. Die oftmals zitierten Gefahren magischer Aktivitäten liegen meines Erachtens zu einem Gutteil an der Tatsache, dass Praktizierende nicht rechtzeitig erlernen, ihr »magisches« von ihrem »Alltagsbewusstsein« abzugrenzen. Wenn ich Pan rufe, aber nach dem Ritual nicht banne, darf ich mich nicht wundern, wenn er mich tänzelnd begleitet und (vielleicht auch auf meine Kosten) tierisch viel Spaß haben will. Darum überlege man besser mehrmals, ob man zum Beispiel die Bannung am Schluss einer Übung oder eines Rituals durch »bannendes Lachen« ersetzt, oder überhaupt ausfallen lässt.

Während Schutzmagie immer als »gut, positiv, lebensbejahend« gesehen wird, wird oft übersehen, dass Verteidigung immer Teil der Disziplin des Krieges war. Ebenso wenig wie es eine rein auf Verteidigung ausgerichtete Kriegskunst geben kann, kann es keine Schutzmagie geben, die ihre Augen vor Schadens- oder Todeszauber verschließt. An dieser Stelle möchte ich betonen, dass nicht nur die Riten für Schutz und Angriff, sondern alle meine Anleitungen und Rituale als Beispiele und Möglichkeiten der magischen Arbeit gedacht sind. Für die tatsächliche Durchführung, gewünschte und unerwünschte Wirkungen und Nebenwirkungen, zeichnet ausschließlich der Magier in seiner Eigenverantwortlichkeit.

Die kriegerischen Yama-bushi-Bergpriester verbreiteten schon vor Jahrhunderten die Lehren der Ausgewogenheit der Elemente. Die asketischen Senin- und Goya-Krieger, die auf der japanischen Kii-Halbinsel lebten, übernahmen es später und entwickelten es für den Kampf weiter. Das der tibetanischen, tantrischen Lehre entstammende Geheimwissen des Mikkyo lehrt, dass alle physischen Aspekte aus der gleichen Quelle kommen und in einer der fünf primären Erscheinungen der Elemente eingeordnet werden[11].

KU ► »die Leere« oder das Nichts, aus dem alle »Dinge« ihre Form entnehmen.
FU ► »der Wind« oder die gasförmigen Elemente.
KA ► »das Feuer« oder die energieabgebenden Elemente.
SUI ► »das Wasser« oder die flüssigen Elemente.
CHI ► »die Erde« oder die festen Elemente.

Der vielleicht beste Weg, um die verschiedenen Energien und entsprechenden Bewusstseinszustände zu verstehen, besteht darin sich einige zeitgemäße Erfahrungen vor Augen zu halten. Beispiel: der Hauptgrund, warum Sie Ihre jetzige Arbeit ausüben, kann auf einer der verschiedenen Ebenen zu finden sein:
ERDE: Sie gehen zur Arbeit, um für Essen und Miete aufkommen zu können.
WASSER: Die Arbeit ist ein Mittel, um an viel Geld heran zu kommen. Damit können Sie sich alles leisten, was Ihr Herz begehrt.

11 Vergleiche: „Korrespondenzen (Tattwas)” und „Diverse Riten (Elementenriten)“.

FEUER: Ihr Beruf bereitet Ihnen so viel Freude, dass Sie sich nicht vorstellen können, irgendetwas anderes zu tun, egal wie viel Sie dabei verdienen würden.
LUFT: Sie fühlen, dass der Sinn Ihres Lebens darin liegt, eine »bessere« Welt zu schaffen. Ihre Arbeit ist ein Beitrag zu diesem Ziel.
...oder noch ein Beispiel: Ihr Lebensgefährte stirbt. Ihre emotionelle Reaktion darauf kann auf eine der folgenden Weisen von den verschiedenen Energien beeinflusst werden:

+ **Positive Wirkung der Erde**: Sie fühlen innere Ruhe, trösten eher andere, die den Verstorbenen auch kannten.
- **Negative Wirkung der Erde**: Sie weigern sich, den Tod anzuerkennen. Sie tun und sprechen weiterhin so, als lebte der Verstorbene noch (selbstzerstörerische Sturheit).
+ **Positive Wirkung des Wassers**: Sie nehmen eine neue Lebensweise an, die Ihrem Status besser angepasst ist (Flexibilität).
- **Negative Wirkung des Wassers**: Sie ziehen sich zurück und vegetieren vor sich hin (bleibende Gefühlsduselei).
+ **Positive Wirkung des Feuers**: Sie erinnern sich voll Freude und Liebe an den Gefährten (aggressive Vitalität).
- **Negative Wirkung des Feuers**: Sie fühlen sich alleingelassen und haben schreckliche Angst vor der Zukunft.
+ **Positive Wirkung der Luft**: Sie sind in der Lage, die Dinge von einem höheren Blickwinkel aus zu betrachten.
- **Negative Wirkung der Luft**: Wahrheitsverdeckende Vergeistigung.

Durchdenken Sie auf diese Weise folgende Beispiele: ► a) Sie haben im Lotto gewonnen; ► b) Sie werden auf der Straße von »Halbstarken« angepöbelt.
Allein die Wirkungsweisen zu verstehen, genügt nicht. Sie müssen erfahren werden, um zu lernen, sie sich zunutze zu machen[12].
Es gibt ganz einfache Schutzrituale, wie die IAO- und die OMNIL-Formel oder verschiedene »klassische« Bannungsrituale wie das kleine bannende Pentagrammritual. In besonderen Fällen ist es immer gut, zu besonderen Mitteln zu greifen. Auch hier empfiehlt es sich, persönliche Rituale für Schutz und Angriff zu entwickeln. Mit den Elementen finden Sie ein einfaches System, mit dem Sie Ihre Verhaltensweisen prüfen, die Energien differenzieren und schließlich zu lenken lernen. Zur weiteren Hilfe:

---

[12] Siehe auch unter „Erdung", „Techniken der leeren Hand/Tattwas" u. „Diverse Riten (Elementenriten)".

Quellen der Körperdynamik

ERDE: Muskelkraft
WASSER: Wucht
FEUER: Energie
LUFT: Versöhnung

Kampfhandlung

ERDE: Nichts kann Ihnen etwas anhaben. Sie stehen wie ein Fels in der Brandung.

WASSER: Sie scheinen unfassbar zu sein und finden sich doch jedes Mal zu einem Gegenangriff bereit.

FEUER: Sie können nicht aufgehalten werden. Es gibt keine Möglichkeit, Ihre wilden Angriffe zu unterbrechen oder abzuwehren.

LUFT: Sie sind nicht in den Griff zu bekommen, entziehen sich jedem Angriff und nutzen die Kraft des Gegners zu Ihrem Vorteil.

Charakteristische Körperbewegungen

ERDE: auf und nieder
WASSER: seitwärts
FEUER: vorwärts und rückwärts
LUFT: Drehbewegungen

3.3.2. Beispiele für Schutz- und Angriffsrituale

Die IAO-Formel

1) Visualisieren eines vertikalen Energiestrahls durch den Körper und gleichzeitige Intonation von „I“.

2) Visualisation eines horizontalen Energiestrahls durch die seitlich ausgestreckten Arme – Intonation von „A“.

3) Visualisation einer Energiekugel um den Körper (Armstellung o); Intonation von „O“.

Die OMNIL[13]-Formel[14]

»Was ist das Wichtigste von allem?«
»Gott.«
»Was ist wichtiger als Gott?«
»Nichts ist wichtiger als Gott.«
»Dann lasse das Nichts vor Gott kommen.«
William Gray

Mit dieser Formel kann man sich äußerst schnell auch im Alltag »mitten«, da die Formel nicht viel Zeit in Anspruch nimmt.
Man beginnt, indem man sich auf das Überpersönliche über und das Leben unter sich besinnt, die Aufmerksamkeit zuerst in sich selbst konzentriert und dann in Form eines Lichtstrahls oder eines Stabes nach außen projiziert. Mit Hilfe dieser Form projiziert man Schritt für Schritt:

1) Blickrichtung Osten (Norden).
2) Ziehen eines Kreises (waagrecht) mit zentriertem Bewusstseinsstrom –
   NULL DER ZEIT.
3) Ziehen eines lateralen Kreises (vom Scheitelpunkt nach rechts) –
   NULL DES RAUMES.
4) Ziehen eines Kreises (vertikal vom Scheitelpunkt nach vorn) –
   NULL DER EREIGNISSE.

Im Idealfall werden alle Kreise gleichzeitig mental gezogen.

Gnostisches Pentagrammritual

1) Visualisation eines Energiestrahls, der von oben bis zum Scheitelchakra gezogen wird. Gleichzeitige Intonation von: *„I“* (Vibration im Kopf). **Die Vokale werden jeweils für einen Atemzug intoniert.**
2) Visualisation des Energiestrahls bis zum Halschakra. Intonation von: *„E“* (Vibration in der Kehle).
3) Visualisation des Energiestrahls bis zum Herzchakra. Intonation von *„A“* (Vibration im Brustbereich).
4) Visualisation des Energiestrahls bis zum Solarplexus. Intonation von *„O“* (Vibration im Magen- und Bauchbereich).
5) Visualisation des Energiestrahls bis zum Genitalbereich. Intonation von *„U“* (Vibration im Damm und Unterbauch).
6) Wiederholung der Punkte 5, 4, 3, 2, 1, um sich wieder zum Kopf emporzuarbeiten.

---

13 omnis = Alles; nihil = Nichts.
14 Magical Ritual Methods, William Grey, Weiser, New York 1969.

7) Intonation von „*IEAOU*" mit einem Atemzug, wobei mit der ausgestreckten Hand ein Pentagramm in die Luft gezogen und kräftig visualisiert wird.
8) Nach einer Vierteldrehung gegen den Uhrzeigersinn wird Pkt. 7 wiederholt. So fährt man fort, bis in alle vier Himmelsrichtungen Pentagramme gezogen wurden, und man sich wieder in der Ausgangsstellung befindet.

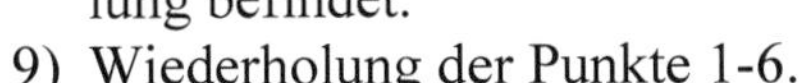

9) Wiederholung der Punkte 1-6.

Kleines Bannendes Pentagrammritual

1) Kabbalistisches Kreuz
2) Ziehen der Pentagramme und des Kreises
3) Anrufung der Erzengel und Visualisation von weiteren Glyphen und Korrespondenzen
4) Kabbalistisches Kreuz
5) Entlassungsformel (nur am Ende eines Gesamtrituals)

Zu 1. Kabbalistisches Kreuz: (Blickrichtung Osten)
Visualisieren eines Energiestrahls, der mit Fingern oder Dolch von oben herab zur Stirn geführt wird. „*ATEH*"[15] (= Dein ist).
Berühren der Brust: „*MALKUTH*" (= das Reich).
Berühren der rechten Schulter: „*VE - GEBURAH*" (= und die Kraft).
Berühren der linken Schulter: „*VE - GEDULAH*" (= und die Herrlichkeit).
Kreuzen der Arme vor der Brust: „*LE - OLAM*" (= in Ewigkeit).
Falten der Hände vor der Stirn und Herabziehen der gefalteten Hände vor die Brust: „*AMEN*" (= so ist es).

Zu 2. Ziehen der Pentagramme:
Zugrichtung beim kleinen Pentagrammritual (Erdpentagramm).
Nach dem Ziehen des Pentagramms dreht sich der Magier mit ausgestrecktem Arm jeweils um eine Vierteldrehung im Uhrzeigersinn.
OSTEN: „*J H V H*" (sprich: Jeh-ho-wah)
SÜDEN: „*A D N I*"(sprich: Ah-do-nai)
WESTEN: „*E H I H*" (sprich: Äe-hi-iäh)
NORDEN: „*A G L A*" (sprich: Ah-ge-lah)

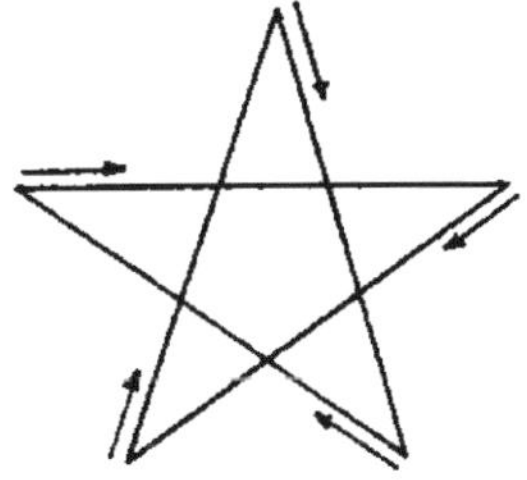

15 Hebräische Formeln.

Zu 3. Anrufung der Erzengel:
Blick nach Osten, Arme seitlich ausgestreckt, Visualisation von »einem schwarzen Kreuz mit einer roten Rose in der Mitte« - am eigenen Körper.

Visualisation der überlebensgroßen Gestalten der Erzengel:

„Vor mir RAPHAEL -
hinter mir GABRIEL -
zu meiner Rechten MICHAEL -
zu meiner Linken AURIEL -
rund um mich flammende Pentagramme -
über mir strahlt der sechszackige Stern."

Zu 4. Kabbalistisches Kreuz: siehe Punkt 1)

Zu 5. Entlassungsformel: Die Entlassungsformel ist nicht festgelegt und sollte dem jeweiligen Ritual angepasst werden: z. B.: *„Hiermit entlasse ich alle Kräfte und Wesenheiten, die durch dieses Ritual gebannt worden sind. Ziehet hin in Frieden."*

Hammerritual

Dieses Ritual dient dem Legen eines luftigen Energiefeldes und dazu, den Ort dem Element Luft zu weihen. Die Formeln für dieses Ritual werden auf altgermanisch vibriert. Begonnen wird im Norden, durchgehend im Uhrzeigersinn bis zum Westen. Der Ausführende hält den Hammer in beiden Händen, die Arme vor sich ausgestreckt. Danach wird mit dem entsprechenden Spruch über dem Evozierenden und anschließend nach unten der Hammerschlag vollzogen. Zum Schluss wird noch der abschließende Hammerschlag samt Spruch ausgeführt. Der Hammerschlag – Zugrichtung (s. Abb.):

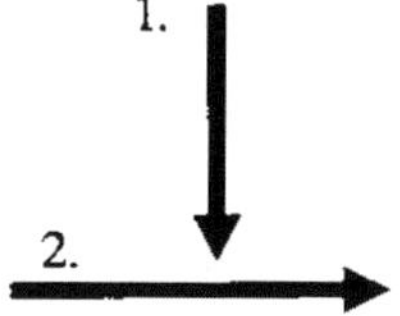

Im Norden beginnend: *„HAMMAR I NORDHRI HELGA VE THETTA OK HALD VÖRDH."*[16]

Im Osten: *„HAMMAR I AUSTRI HELGA VE THETTA OK HALD VÖRDH."*

Im Süden: *„HAMMAR I SUDHRI HELGA VE THETTA OK HALD VÖRDH."*

Im Westen: *„HAMMAR I VESTRI HELGA VE THETTA OK HALD VÖRDH."*

---

[16] Übersetzung: Mit Hammer im Norden weihe ich diesen Platz.

Über dem Kopf nach oben: *„HAMMAR YFIR MER HELGA VE THETTA OK HALD VÖRDH."*

Nach unten: *„HAMMAR UNDIR MER HELGA VE THETTA OK HALD VÖRDH."*

Mit dem Hammer vor sich: *„HAMMAR HELGA VE THETTA OK HALD VÖRDH."*

Nach jeder der vibrierten Formeln vollzieht der Magier einen Hammerschlag. Der Hammer fand seine Zuordnung zur Luft durch Mjöllnir, den Hammer des Thor, welcher die Eigenschaft besitzt, wann immer er von Thor geschleudert wird, durch die Luft in dessen Hand zurückzukehren.

Ritus der Heiligen Elektrognosis (Schutzritus zur Gruppensynchronisation)

Traditionelle Bannungsrituale, die dazu dienen, Konzentration, Gemütsruhe und Kontrolle zu erlangen, sind heutzutage oftmals weniger brauchbar, da nur manche Leute mit dem hebräischen Mystizismus, mit Engelsbildern und Gottesnamen operieren können. Das folgende Ritual dient zum Aufbau einer Raum-Zeitblase, die einerseits die Funktion eines klassischen Bannungsrituals übernimmt und außerdem die Gruppensynchronisation über einen längeren Zeitraum hinweg unterstützt. Es wird dabei ganz bewusst mit allen zur Verfügung stehenden technischen Hilfsmitteln zur Tranceinduktion gearbeitet. Die Notwendigkeit des Paradigmas, diese Hilfsmittel genauso magisch zu betrachten wie Jungfernpergament, Blut oder Weihrauch, kommt bereits im Titel „Die heilige Elektrognosis" zum Ausdruck.

Ritualaufbau: Altar mit schwarzem Tuch • Plasmakugel[17] • Lichtanlage mit Dimmer (rote, grüne, blaue, gelbe Lampe) • Schwarzlicht[18] oder UV-Lampe[19] • Quadro- oder Stereoanlage mit vier Boxen.

Ritualablauf: Die Teilnehmer stehen im dunklen, nur durch eine Schwarzlicht- oder UV-Lampe erhellten Tempel.
Gnostische Bannung.
Während der Bannung werden die farbigen Lampen bis zum Maximum angesteuert.
Beim Ausklingen der letzten Intonation verlöschen alle Lichter.
Die Teilnehmer bilden im unbeleuchteten Tempel einen Kreis.

---

[17] Mit Edelgasen gefüllte Glaskugeln, die durch elektrische Entladungen Blitze vom Zentrum zur Oberfläche zucken lassen.

[18] Schwarzlichtlampe – Lampe, die anstelle von UV-Lampen eingesetzt werden kann. Sie erzeugt ein dunkelviolettes Licht und lässt alle weißen Flächen blauviolett strahlen.

[19] UV-Lampe, die ultraviolettes Licht abstrahlt.

Willenssatz: „Unser Wille sei, ... (Zeitangabe) Synchronizität der Gruppe zu erlangen, und vor äußeren Einflüssen geschützt zu sein.
Die Teilnehmer reichen einander die Hände und schließen somit den Kreis.

Nun beginnt der Ritualleiter die Anrufung zu sprechen.

„Elektrische Kräfte des Alls –
findet Wege zu uns.
Fließt durch alle Kanäle
und überwindet jeden denkbaren Quantensprung.
Umflutet und durchdringt uns mit eurer Energie,
auf dass wir ein abgeschlossenes,
kraftvolles Feld aufbauen."

Die Teilnehmer drängen sich mit vorgestreckten Händen um die Plasmakugel, die bei der ersten Berührung Funken sprüht, und sich an der Oberfläche entlädt. Die Konzentration wird auf die Oberfläche der Kugel gerichtet.

Musik setzt ein (raumfüllender, gewaltiger Sound, z. B. Vangelis, Mask, First Movement).

„Elektrische Kräfte des Alls –
Wir stehen in der Dunkelheit.
Bringt uns Licht –
bringt uns Kraft.
Wir stehen im Kreis –
einer Blase im Nichts / im All
losgelöst von Zeit und Raum
im ewigen ‚HIER UND JETZT'."

Es folgt die Visualisierung der Ausdehnung der Kugeloberfläche, bis alle Teilnehmer innerhalb der Kugel stehen.

Die Musik steigert sich in Intensität und Lautstärke. Die Teilnehmer intonieren mit einem Atemzug *„UOAEI"*.

Es folgt eine weitere Intonation von *„UOAEI"*, wobei sich die Lautstärke bis zum Schreien steigert. Währenddessen treten die Teilnehmer langsam in den Kreis zurück und reichen sich, bei gleichzeitiger Visualisierung der immer größer werdenden Kugeloberfläche, die Hände. Die Plasmakugel, deren Ansteuerung ab dem Zeitpunkt der ersten Berührung auf akustische Reize umgeschaltet wird, sprüht weiter Funken und Blitze.

Bei „I" hat der Kreis seine ursprüngliche Größe erreicht, und die Kugel wird raumfüllend um die Gruppe visualisiert. Gleichzeitig werden alle Beleuchtungskörper im Raum wieder bis zum Maximum angesteuert. Auch die Musik steigert sich bis zum gewaltigen Schlussakkord. Sobald der letzte Ton verklungen ist, und der Tempel in gleißendem Licht erstrahlt, folgt: BANNENDES LACHEN!

Da bereits im Willenssatz angegeben ist, wie lange die Raum-Zeitblase überdauert, ist es nicht unbedingt notwendig, dieselbe durch ein weiteres Ritual aufzulösen. Es empfiehlt sich jedoch, bei der Durchführung des letzten gemeinsamen Rituals, nach der abschließenden Bannung folgendes Ende: Die Teilnehmer reichen einander die Hände und visualisieren gleichzeitig mit dem Anschlagen eines großen Gongs, wie die Blase zusammenbricht oder zerplatzt. Das Ritual endet mit bannendem Lachen.

Ritus des Tempelwächters

In diesem Ritus stellt der Magier einen Tempelwächter her, dem die Aufgabe übertragen wird, alle vom Magier ungewollten Einflüsse abzuwehren. Im Unterschied zu anderen schutzmagischen Riten wird hier jeder Angriff nicht nur abgewehrt, sondern vervielfältigt und an den Absender zurückgeschickt.

Ritualaufbau: Altar mit schwarzem Tuch • schwarze Kerze • Spiegel und Hammer • Schwert • schwarze Masken • Ton • Räucherwerk[20]

Ritualvorbereitung: Vor Beginn des eigentlichen Rituals formt jeder Teilnehmer einen Tempelwächter[21] aus Ton. Das sollte in wenigen Augenblicken geschehen, wobei die Augen geschlossen bleiben und jeder Teilnehmer die Konzentration auf sich selbst richtet, da die Figur den Magier selbst darstellen soll.

Ritualablauf:[22]

Die Tempelwächter werden am Altar rund um den Spiegel und das Schwert aufgestellt.

Gnostische Bannung. Unter Abspielen unheilvoller Musik gehen die Teilnehmer im Kreis, während sie Gesichter, Fratzen und anstürmende Winde außerhalb des Kreises visualisieren.

Danach treten zwei Magier (mit schwarzen Masken) aus dem Kreis, und stellen sich zu beiden Seiten des Altars auf, wobei der eine sein Schwert auf den anderen richtet und dessen Worte – gleich einem Echo – reflektiert.

Die übrigen Teilnehmer richten die ausgestreckten Hände auf den auf dem Altar liegenden Spiegel und visualisieren jede Art der Reflektion. Dabei atmen sie anfangs ruhig und tief und steigern sich während der Rezitation der Anrufung zu ekstatischer Hyperventilation.

Mit Echo:

„DER SCHLECHTE MENSCH
DER SCHLECHTE GOTT
DER SCHLECHTE DÄMON
DER DÄMON DER WÜSTE
DER DÄMON DES BERGES
DER DÄMON DER SEE
DER DÄMON DES SUMPFES

---

20 Als Räucherwerk bieten sich alle scharfen, brennenden und übel riechenden Mischungen an.

21 Da der Wächter (ähnlich einem Blitzableiter) die für den Magier bestimmten Energien anziehen soll, empfiehlt es sich, ihn vor dem Ritual auszuhöhlen und mit Haaren, Haut und Körpersäften zu imprägnieren, um eine magische Verbindung zwischen dem Magier und dem Tempelwächter zu schaffen.

22 Da diese Ritual seiner Konzeption nach eher kurz ausfallen wird, ist es besonders wichtig, von Anfang an mit größtmöglicher Konzentration zu arbeiten. Auch die Hyperventilation ist sehr rasch zu steigern, um der Spiegelreflektion möglichst aggressive Kraft zu geben.

DER SCHLECHTE GENIUS
DIE UNGEHEUERLICHE LARVE
DIE SCHLECHTEN WINDE
DIE BRUT DER SCHLECHTEN DÄMONEN
VON DIR GESENDET
VON DIR – DER BILDNISSE FORMT
VON DIR – DER ZAUBERSPRÜCHE SAGT
VON DIR – DER SCHLECHTE GEDANKEN HEGT
BÖSES AUGE
BÖSER MUND
BÖSE ZUNGE"

„Dieser Spiegel reflektiert –
möge er deine schändlichen Zaubereien
tausendfach auf dich zurückwerfen –
auf daß sie dich ersticken.
Siede, siede, brenne, brenne –
brenne ob deiner eigenen Niedertracht.
Friere, friere, erstarre, vergehe –
vergehe ob deiner eigenen Kälte.
Der Dämon Choronzon zerfleische dich!
Unterstützt uns, ihr alten und ihr neuen Götter –
unterstützt uns, ihr Herren der Elemente –
ihr Herren des Himmels und der Erde.

Die Kraft unserer Magie wird triumphieren!

ZASAS ZASAS NASATANATA ZASAS"

Bei den letzten Worten zerschlägt der Magier mit dem Hammer den Spiegel. (Eventuell kann im selben Moment Schießbaumwolle in das Räuchergefäß geworfen und ein Gong heftig angeschlagen werden.) Alle Teilnehmer lassen sich auf den Boden fallen und bleiben einige Zeit regungslos liegen. Danach nimmt jeder einen Splitter des Spiegels und drückt ihn auf seinen Tempelwächter.

Danksagung und Entlassung: Gnostische Bannung – LACHEN!

Im Folgenden ist der Tempelwächter auf dem Altar des Magiers oder einem anderen, vor fremdem Zugriff sicheren Ort, aufzustellen.

Aus Erfahrungsberichten verschiedener Seminarteilnehmer geht hervor, dass dieser Spiegelfetisch nicht nur effektiven Schutz gegen magische Angriffe bietet, sondern auch allgemein störende Energien abhält und somit dem Magier erleichtert, in seiner eigenen Mitte zu weilen.

Der magische Schild

Dieses Ritual wird zum Zwecke des magischen Schutzes, insbesondere zur Abwehr von Beeinflussungen durch andere Menschen und Spannungsfelder durchgeführt. Der Priester fertigt ein Amulett an, das vorzugsweise eine harte metallische Oberfläche aufweist. Es kann mit dem magischen Namen des Besitzers und entsprechenden Glyphen und Sigillen der Abwehr versehen werden. Prinzipiell sollte der Schild eine handliche Größe haben, da er vom Besitzer stets bei sich getragen werden sollte.

Ritualaufbau: Altar mit zwei Kerzen • Träger des Schilds • 4 Elementpriester • essbare Wurzel, Ölverdampfer • Kelch mit Wasser, Kelch mit Rotwein und Pfeffer • Fackel, Schüssel mit Erde, Schale mit Wasser, Tuch • Elementsymbole (Tattwas) in den Himmelsrichtungen

Ritualablauf:

Bannendes Pentagrammritual.

Der Priester dessen magischer Schild aktiviert werden soll, steht in der Mitte. Er hat das Pentagrammritual geleitet und spricht (mit dem Schild in der Hand): *„Mein Wille sei, mittels dieses Schildes, alle ungewollten Einflüsse von mir abprallen zu lassen.“*

Der Priester der Luft (Osten) spricht: *„Denken, Bewegung, Intellekt, Veränderung – die Luft trägt sie an dich heran.“* – und schreitet mit einem Tuch in der Hand auf den Schildträger in der Mitte zu, von dem er mit den Worten: *„Was ich nicht will, prallt von mir ab!“* abgewehrt wird.

Der Priester des Feuers (Süden) spricht: *„Energie, Durchsetzung, Kampf, Trieb – das Feuer entflammt sie in dir.“* – und schreitet mit einer brennenden Fackel auf den Schildträger zu, von dem er mit den Worten: *„Was ich nicht will, entflammt mich nicht.“* abgewehrt wird.

Der Priester des Wassers (Westen) spricht: *„Emotion, Hingabe, Intuition, Anpassung, Auflösung – im Wasser fließen sie zu dir.“* – und schreitet mit der Schüssel voll Wasser auf den Schildträger zu, von dem er mit den Worten: *„Was ich nicht will, fließt nicht durch mich.“* abgewehrt wird.

Der Priester der Erde (Norden) spricht: *„Materie, Realität, Besitz, Verhaftung – die Erde trägt sie in sich.“* – und schreitet mit einer Schale voll Erde auf den Schildträger zu, von dem er mit den Worten: *„Was ich nicht will, berührt mich nicht.“* abgewehrt wird.

Nachdem der Priester des Nordens wieder seinen Platz eingenommen hat, verkündet der Schildträger: *„Kraft meines Schildes ruhe ich in meiner Mitte,* *und alle störenden Kräfte, alle Beeinflussungsversuche und Ablenkungen prallen von mir ab.“*

Der Schildträger dreht sich, den Schild mit beiden Händen von sich gestreckt, einmal langsam im Kreis, und fährt fort: „*Nur da wo MEIN WILLE ist, öffne ich mich.“*

Daraufhin schreiten der Schildträger und der Priester der Luft aufeinander zu. Der Priester reicht ihm das Sakrament der Luft (Räucherwerk-Öl). Danach gehen beide auf ihre Plätze zurück. Der Schildträger spricht: „*Nur da wo mein Wille ist, öffne ich mich.“*

Jetzt gehen der Schildträger und der Priester des Feuers aufeinander zu. Nach der Übergabe des Sakraments (Fackel) wiederholt sich dieser Vorgang zuerst mit dem Priester des Wassers (Kelch) und dann mit dem Priester der Erde (Wurzel).

Entlassungsformel.

Bannendes Pentagrammritual.

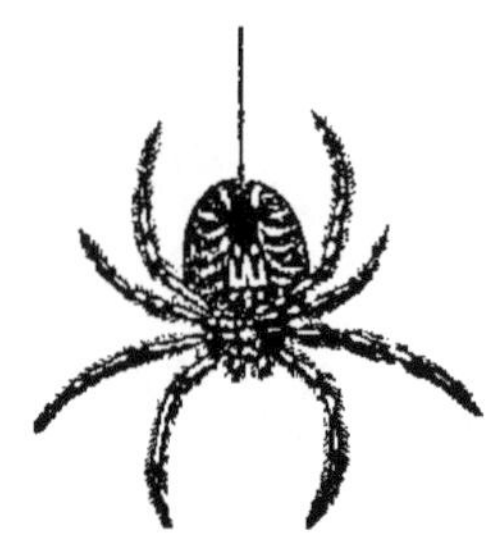

DAS NETZ DER SPINNE

Dieser Ritus ist keinesfalls zu Übungszwecken zu verwenden. Er ist ein Beispiel für letzte Konsequenz in einer äußerst bedrohlichen Situation. Er dient dazu, einen Gegner einzufangen, ihn seinen persönlichen Ängsten auszuliefern und ihn seines Willens und seiner Lebenskraft zu berauben, ohne ihn jedoch körperlich zu töten. Der Gefangene findet sich im Folgenden unfähig, zusammenhängend und zielgerichtet zu agieren oder magische Angriffe zu unternehmen, da alle Versuche sofort auf ihn zurückgeworfen werden (vergl. Tempelwächter/Spiegelfetisch). Je größer die Anstrengungen des Gefangenen, anzugreifen oder zu entkommen, desto schneller und wirksamer bekämpft er sich selbst, um schließlich als willenlose, leere Hülle zu enden.

Die Operation gliedert sich in folgende Teile:

1. Der Ruf der Spinne
2. Das Weben des Netzes
3. Der Lockruf der Spinne
4. Der Ruf der Spinne im Netz
5. Das Versiegeln
6. Das Begräbnis

Ritualaufbau: Altar mit schwarzem Tuch • 3 schwarze Kerzen • Gefäß • Wollfaden, Ring • Räucherwerk • Wachs

Für diese Operation benötigt man: Ein nach Möglichkeit **sympathiemagisches Bezugsobjekt** (Foto, Haare, Nägel, Unterschrift, persönlicher Gegenstand des Opfers, ...) • **Ein dichtes Gefäß**, das groß genug ist, um das Zielobjekt aufzunehmen. Das Gefäß sollte innen metallisch, oder verspiegelt sein. • **Einen Ring** von ca. 30-40 cm Ø aus beliebigem Material, dessen einziger Zweck es ist, das Spinnennetz zu halten und zu spannen. Dazu sollte er verschiedene Einschnitte aufweisen, durch die die Fäden des Netzes nach außen gezogen werden. Die Enden der Fäden werden mit Knoten versehen, um zu verhindern, dass bei einem Fang das Netz durch den Ring rutscht.

• **Räucherwerk:** Bei dieser Operation verwendet man zwei verschiedene Düfte. Der erste Duft sollte süß und schwer sein (z. B. Moschus). Im Idealfall wählt man einen Duft, der von der Zielperson bevorzugt und als anregend empfunden wird. Der zweite Duft besteht aus einer brennend scharfen und übelriechenden Mischung (z. B. Mars-Saturnräucherung mit einer Prise Schwefel). • **Musik:** Das zuerst verwendete Musikstück sollte angenehm und ruhig sein. Wenn bekannt, ist ein von der Zielperson bevorzugtes Stück zu wählen. Im Gegensatz dazu muß das zweite Stück eher atonal, düster und abstoßend klingen. (z. B. Diamanda Galas/ Litanies of Satan)

Ritualablauf: Willenssatz.

Der Ruf der Spinne:
Kleines inverses Bannendes Pentagrammritual[23].
Der Magier steht mit seitlich ausgestreckten Händen in der Position des Kreuzes und spricht:

„Oh, ihr dunklen Mächte
Gebt mir das Bewusstsein einer Spinne.
Lasst mich sein wie sie –
Schwarz und schillernd,
tödlich schön."

Das Weben des Netzes: Der Magier räuchert nun mit dem ersten Räucherwerk (A) und webt das Netz der Spinne. Nach der Fertigstellung platziert er das Netz direkt über dem vorbereiteten Gefäß.

Der Lockruf der Spinne: Der Magier präpariert nun das sympathiemagische Objekt. Ist das Objekt ein Foto, Brief, oder eine Unterschrift, bindet es der Magier mit einem Faden um einen Stein. Handelt es sich um Fingernägel, Haare, oder ähnliches, packt der Magier diese Dinge zusammen mit einem Stein in ein Tuch, und versieht dieses mit einem für die Person stehendes Sigill.
Gleichzeitig spielt er das Musikstück (A) ab und ruft die Zielperson durch einladende Gesten, Versprechungen und schmeichelhafte Lobreden an. Unter anderem spricht er, bei gleichzeitiger konzentrierter Visualisation das Sigill:

„............(Name) – ich rufe Dich unter mein Dach
Du, der Du verbunden bist mit diesem ....
(Bezugsobjekt), folge meinem Willen."

Der Ruf der Spinne im Netz: Der Magier intoniert den Namen der Zielperson immer schneller und lauter, während er das Bezugsobjekt mit beiden

[23] Siehe „Waffenweihe".

Händen über seinen Kopf hält. Steht ein Tempeldiener zur Verfügung, schlägt dieser nun sehr heftig den Gong an. In diesem Moment lässt der Magier das Objekt/das Opfer in das Spinnennetz fallen, und verknotet blitzartig die Enden der Fäden, um das Netz endgültig zu verschließen. Gleichzeitig setzt Musik (B) ein, der Tempeldiener räuchert das Räucherwerk (B) und der Magier spricht:

„Du bist der Spinne ins Netz gegangen.
Kein Entkommen, kein Entrinnen!
Elende(r) – nun stehst du unter meinem Willen."

Das Versiegeln: Sodann nimmt der Magier das Gefäß und legt das Spinnennetz mit dem Objekt hinein.

„Dies ist der Sarg für deinen freien Willen.
Sieh' dich doch um.
Alles, was du tust, fällt auf dich zurück.
Deine schändlichen Angriffe wirst du
nun selbst ertragen müssen.
Nichts dringt hinein und nichts heraus.
Du wirst nicht sterben,
aber leben wirst du auch nicht.
Als leere, willenlose Larve wirst du unter den
Lebenden wandeln und wünschen,
du wärst längst tot."

Nach diesen Worten verschließt der Magier das Gefäß und versiegelt es mit Wachs.

Danksagung und Entlassung: Kleines inverses Bannendes Pentagrammritual.

Das Begräbnis: Der Magier sucht einen von Unkraut überwucherten, abgelegenen Platz auf. Nach der Durchführung des Kabbalistischen Kreuzes hebt er eine Grube von mind. 50 cm Tiefe aus, legt das versiegelte Gefäß hinein und verabschiedet den Gefangenen mit Flüchen und Verwünschungen. Er endet mit den Worten „Ich begrabe dich.", und schüttet die Grube wieder zu. Nun wird die ganze Operation durch ein weiteres Kabbalistisches Kreuz und ein schließendes *„PHAT"*[24] beendet.
Der Magier verlässt kopfschüttelnd, doch lächelnd den Ort seiner Handlung.

---

[24] Tibet. Kurzformel: Der Magier ballt die rechte Faust und hebt den linken Fuß. Gleichzeitig mit dem ruckartigen Öffnen der Faust, dem Aufstampfen des linken Fußes und der Imagination des Zusammenbrechens des Kreises dröhnt der Magier: „PHAT".

3.4. Jahresfeste[25]

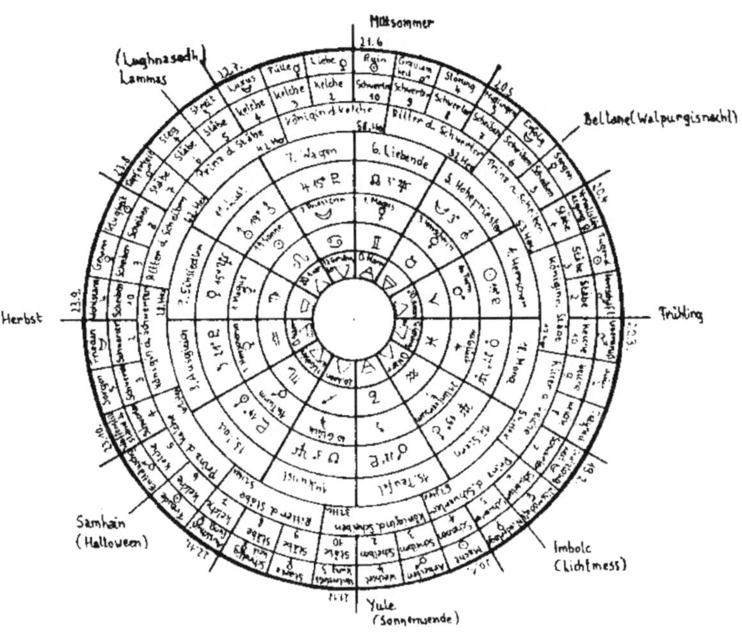

Yule (22. Dezember)	Todes/Geburtsaspekt	Tiefste Dunkelheit
Imbolg (2. Februar)		Erstes Licht
Frühlings-Tag-und-Nacht-Gleiche (21. März)	Initiationsaspekt	Balance
Bealtaine (30. April)	Walpurgisnacht	Licht im Übermaß
Midsummer (22. Juni)	Aspekt der Vollendung	Höhepunkt des Lichtes
Lugnasadh (31. Juli)		Erste Dunkelheit
Herbst-Tag-und-Nacht-Gleiche (21. September)		Beginn der dunklen Jahreszeit
Samhain (31. Oktober)	Kelt. Neujahrsfest	Niedergang, dunkelste Zeit des Jahres

25 Mit freundlicher Genehmigung, Grafik aus „Die Henochischen Schlüssel der Magie“, Schulze Verlag 1985.

3.4.1. RITUALE ZU DEN JAHRESFESTEN[26]

Im Folgenden finden Sie einige Beispiele für rituelle Jahresfeste.

YULE

Das YULE-Fest (Yule kommt von Iul – das Rad) bezeichnet den Punkt des Todes und gleichzeitig die Wiedergeburt des Sonnengottes. Die Göttin, die zu Mittsommer den Todesaspekt im Leben repräsentiert, stellt sich nun als Lebensaspekt im Tode dar. Sie ist die Königin der kalten Dunkelheit, die lepröse, weiße Frau. Die christliche Überlieferung erzählt die Geschichte von der Wiedergeburt des Sonnenkönigs im Fischezeitalter.

Der Geburtstag von Christus war jedoch in den alten Schriften nie genau bestimmt. Erst im Jahre 273 A. D. unternahm die Kirche den Schritt, Mittwinter (Yule) zu definieren, um Christus in Übereinstimmung mit anderen Sonnengottheiten zu bringen (z. B.: Mitras).

Anregung für einen Ritus

Ritualaufbau[27]: Eine große und für jeden Teilnehmer eine kleine Kerze oder Fackel.

Ritualablauf: Die Teilnehmer bewegen sich lärmend im völlig abgedunkelten Raum. Jeder ist nur auf sich konzentriert und beachtet die anderen Teilnehmer nicht. Es entsteht ein heilloses Durcheinander von Geräuschen, Klängen und Bewegungen. Die Teilnehmer erleben Desorientiertheit, Verzweiflung, Wahnsinn, Einsamkeit und Dunkelheit. Darauf spricht die in der Mitte stehende Hohepriesterin:

„Ich stehe am Ende und bin der Anfang.
Ich bin der Lichtstrahl in der Dunkelheit.
Ich bin das Leben im Tod.
Durch mich kehrt das Licht wieder.
An mir entzündet sich der Funken des Lebens – die Welt.
Priester des .... – entzünde dein Licht."

Die Elementepriesterinnen entzünden ihre Fackeln nacheinander an der Kerze der in der Mitte stehenden Hohepriesterin. Erst wenn die vier Kerzen brennen, beginnen die im Kreis stehenden Teilnehmer ihre Kerzen an den Elementker-

---

26 Weitere Literaturempfehlungen zu diesem Thema sind:
The Cardinal Rites Of Chaos, Paola Pagani, London – SUT Anubis 1985.
Eight Sabbats for Witches, Janet and Stewart Farrar, 1981 Robert Hale Limited.
Im Tanz der Elemente, Björn Ulbrich, Arun - Verlag 1990.

27 Es eignet sich auch der Ritualaufbau des „Ritus der großen Mutter" – siehe: „Diverse Riten".

zen zu entzünden. Brennen alle Kerzen, endet der Ritus mit Freudenrufen und Gelächter. Kleine Geschenke werden verteilt, Musik setzt ein, und der Kelch mit dem Sakrament wird gemeinsam geleert.

SAMHAIN – INVOKATION DES POOKA

Die Tage sind vielfältig, an denen man in alter Zeit der Toten und des Todes gedachte: Allerheiligen (1.11.), Allerseelen (2.11.), Halloween (31.10.) und Samhain (kelt. für Ende des Sommers – gall. samon / ir. samrad), Disarblot (Disenopfer), aber auch St. Hubertus (3.11.) und St. Martin (11.11.) haben in Brauchtum und Überlieferung alle etwas von der Atmosphäre des Totenfestes.

Die Sonne durchläuft zu dieser Zeit (23.10. - 21.11.) das Zeichen des Skorpion, das die Astrologie auch traditionellerweise als 8. Haus (Haus des Todes) bezeichnet.

Der Herr der Unterwelt, Hüter der Schwelle und Gott der Toten begegnet uns in vielerlei Gestalten. Bei den Germanen ist es Odin, der mit den herbstlichen und stürmischen Nebelschwaden einher zieht. Im Mythos ist Odin auch der Fährmann in die Unterwelt, genau wie der griechische Charon. In der Volksüberlieferung ist auch der »Märte« oder »Pelzmärte« bekannt, ein Dämon mit geschwärztem Gesicht. Auch aus anderen Kulturen kennen wir einen Gott der Unterwelt. So denken wir an einen Gott aus der altindischen Mythologie »Yama« oder »Hades« oder »Pluto« aus der antiken Welt (interessanterweise ist nach astrologischen Korrespondenzen Pluto dem Skorpion zugeordnet). Bei den Kelten ist es der Gott Bile, der als König der Toten gilt. In der volkstümlichen Zuordnung der Symbolik ist er auch der TOD, der in Form eines mit einer Sense bewaffneten Skeletts dargestellt wurde.

Wir kennen diese Darstellung aus dem Tarot. In ihr verbirgt sich noch auf äußerst direkte Weise die sinnbildliche Bedeutung des Erntevorgangs: Die Sense oder Sichel als bäuerliches Handwerkzeug im Jahreskreislauf.

Um mit dem Tod und den Toten zu kommunizieren, braucht es mehr als spiritistische Sitzungen. Auch wir werden sterben, auch wir haben verstorbene Ahnen. Um das Mysterium des Todes und auch das folgende Ritual zu verstehen, ist es unbedingt notwendig, den Kreislauf des Lebens zu begreifen UND zu erfahren.

Das im Folgenden beschriebene Ritual findet meist zum ersten November, dem keltischen Neujahrsfest (Samhain), statt. Bis zu diesem Zeitpunkt mussten Ernte und Fleischeinlagerung abgeschlossen sein, denn in der Nacht von Samhain reitet der Dämon Pooka, der sein Aussehen verändern kann, über die Felder und Wiesen und zerstört alles, was noch nicht geerntet wurde. Außerdem ist Samhain das Fest der Toten. Das Alte stirbt, das Neue ist noch ungeboren. Zu dieser Zeit sind die Schleier am dünnsten und am leichtesten zu zerreißen. So ist Samhain ein Fest der Versöhnung, Verehrung und Gemeinschaft mit dem Tod und den Toten – und gleichzeitig ein Fest des Essens, Trinkens und Genießens, als Zeichen der Annahme der Herausforderung des Lebens in Bezug auf die zunehmende Dunkelheit. (Pooka erscheint unter anderem in der Gestalt eines schwarzen Pferdes oder einer gesichtslosen Gestalt in schwarzer Robe.)

Ritualaufbau: Altar mit schwarzem Tuch • Schwarze Kerze • Kelch, Sichel, Dolch • Schwarze Maske • Räucherwerk – Saturn

Ritualablauf: Gnostische Bannung.

Willenssatz: Unser Wille sei, durch die Versöhnung mit dem Tod neue Lebenskraft zu erlangen.

Einstimmende Musik.

Atemmeditation (Einatmen – Anhalten – Ausatmen – Anhalten wobei die Zeiten jeweils gesteigert werden).

Invokation des Dämons Pooka (mit schwarzer Maske und Sichel).

Der invozierende Priester hyperventiliert und spricht:

„Pooka – Pooka – Pooka – Pooka
Schwarzes Pferd, schrecklicher Dämon der Schatten Du, der du über die Felder reitest und alles mit dir reißt –
Gesichtsloser Schatten der Finsternis, Bringer des Todes
unbarmherziger Dämon – kehre zurück in dieser Nacht
– die Zeit ist gekommen, um das Ende zu erleben
auf dass vergeht, was vergehen muss –
auf dass stirbt, was sterben muss
verbinde dich mit mir.

Pooka – Pooka – Pooka – Pooka
Bringe durch mich zu Ende, was beendet werden muss –
auf dass wir uns wandeln und zu neuem Leben erstarken können,
um das Rad des Lebens in Gang zu halten.
Mein Name ist POOKA!
Versteht mich, nehmt mich an, liebt mich –
ich bin POOKA!“

Georg Kojetinsky

Mit diesen Worten beginnt Pooka im Kreis zu laufen. Er schwingt seine Sichel, löscht die einzige Kerze im Raum und stößt alle Teilnehmer um, die am Boden kauernd, regungslos verharren.

Nach einigen Minuten der totalen Finsternis und Hoffnungslosigkeit beginnt Pooka, „Kia“ mantrisch zu intonieren. Die Teilnehmer nehmen das Mantra auf und erheben sich sehr langsam, immer lauter intonierend. Währenddessen entzündet Pooka mehrere Kerzen und spricht:

„So kehrt die Lebenskraft wieder
und Wachstum folgt auf Zerfall –
Leben folgt dem Tod.“

Unter ekstatischem Anschwellen der Intonation von *„KIA“* wird alle Energie auf den am Altar stehenden Kelch projiziert.

Sodann tritt ein Teilnehmer zur Mitte, trinkt einen Schluck Rotwein aus dem Kelch und reicht ihn weiter.

Hat der letzte Teilnehmer aus dem Kelch getrunken, folgt der Exorzismus des Pooka. Der Invozierende wird so lange bei seinem weltlichen Namen gerufen, bis er reagiert. Ist die Trance sehr tief, empfiehlt es sich, Waschungen mit kaltem Wasser durchzuführen.
(Danksagung und Entlassung.)
Gnostische Bannung.
Diesem Ritual sollte ein Fest mit kulinarischen Genüssen folgen!

3.5. Liber Eros

»Wenn zwei Muster einander genau komplementär sind, werden sie sich miteinander verbinden, um sich gegenseitig auszulöschen. Diesen Vorgang nennen wir „Sexualakt".«

Ramsey Dukes, Donnerquiek - Anarcho – Magie

Abb.: 52

3.5.1. Ein sexualmagisches Exerzitium

Dieses Exerzitium ist für ein Paar angelegt, abgesehen davon, ob die Partner miteinander leben, einen gemeinsamen Haushalt führen oder sich nur für die Dauer des Exerzitiums gefunden haben. Es ist demzufolge wichtig, sich zumindest für die Dauer dieses Exerzitiums auf einen sexuellen Partner zu beschränken.

Ritualaufbau: Ruhiger, angenehmer Raum • Gedämpfte Beleuchtung (Wenigstens vier Kerzen sollten rund um das Bett brennen.) • Während, vor und nach den Übungen und Ritualen sollten nur leichte Speisen genossen werden, doch kann man sich genauso gut an Champagner und Kaviar erfreuen • Räucherwerk: süße, nicht zu schwere Düfte.

Beginnt man mit dem Exerzitium, wird man bald feststellen, dass sich ein von Mal zu Mal sexuell erregterer Zustand einstellt. Es geht hier jedoch um die kontrollierte Lust, durch die immer stärkere sexuelle Energie aufgebaut wird, die zu ungeahnten Freuden und Kräften führt.

Dieses Exerzitium ist für die Mindestdauer von 7 Tagen angelegt und besteht aus drei Teilen[28]:

1) Die Übungen der Einsamkeit
2) Die Übungen mit dem Partner
3) Der große Ritus

Zu Beginn des Exerzitiums stellen die beiden Praktizierenden ein Sigill (mantrisch und bildlich) her, deren Sinn es ist, Sexualkraft, Sinnlichkeit und Charisma zu verstärken. Sollten Sie keine Erfahrung mit Sigillen haben, experimentieren Sie mit dieser:

Das bildliche Sigill malen, ritzen, ätzen oder brennen Sie auf einen Träger. Im einfachsten Fall malen Sie das Sigill auf eine kleine Holzscheibe. Dieses Sigill tragen Sie von nun an für die Dauer des Exerzitiums bei sich. Stellen sich bei Ihnen außerhalb der beschriebenen Übungen Lust oder sexuelle Fantasien ein, starren Sie mit dem magischen Blick auf Ihr Sigill und rezitieren dazu das entsprechende Mantra, bis der innere Spannungszustand nachlässt. Vergeuden Sie keine Energie. Projizieren Sie wirklich jede Art der sexuellen Anspannung auf das Sigill. Nach Abschluss des Exerzitiums vernichten Sie das Sigill.

Sigill – mantrisch: U K E R I M A

Jede der Übungen 1 bis 6 endet mit der Visualisation oder/und Intonation des Sigills.

DIE ÜBUNGEN DER EINSAMKEIT

Nach diesen Übungen sollten Sie mindestens eine Stunde weder masturbieren, noch sexuellen Verkehr haben.

Übung 1

Bereiten Sie einen Raum Ihrer Wahl möglichst angenehm, mit vielen Kissen, leicht gedämpfter Beleuchtung, süßem Räucherwerk etc. vor. Stellen Sie sich vor einen Spiegel. Entkleiden Sie sich langsam und betrachten Sie dabei Ihr Spiegelbild. Stehen Sie nackt vor dem Spiegel, betrachten Sie sich und fixieren dann den Blick in der Körpermitte (magischer Blick).

[28] Es kann aber, je nach Möglichkeit und Vorstellungen der Partner, weiter ausgebaut werden.

- Schließen Sie die Augen und visualisieren Sie sich als Ihr Spiegelbild.
- Dann visualisieren Sie sich als Spiegelbild, das Sie betrachtet.
- Zuletzt öffnen Sie wieder die Augen und betrachten wiederum Ihr Spiegelbild.

Es wird die Geschichte von dem Schüler erzählt, der seinen tantrischen Meister fragte: „Was ist das Zentrum meiner Lust? Da alle Dinge sich in Harmonie mit dem Universum bewegen, muss ein jedes sein Zentrum haben. Dennoch spüre ich die Lust in meinem ganzen Wesen.“ Da antwortete der tantrische Meister: „Die Lust liegt nur in dem, was der Geist als lustvoll empfindet. Das Zentrum deines Wesens und deiner Lust liegt in deinem Geist. Von der Wahrnehmung in der Einsamkeit wirst du die Freuden deines Körpers erlernen. Denn du musst zuerst die Sinnlichkeit kennen, die Lust erzeugt, bevor du jemand anderen dazu anleiten kannst, Lust für dich zu erzeugen. Und du musst deine eigene Lust kennen, bevor du die Macht erhältst, jemand anderem Lust zu geben.“

Übung 2

Entkleiden Sie sich.

1) Stellen Sie sich vor einen Spiegel und konzentrieren Sie sich auf ihre Lippen. Zeigefinger und Mittelfinger der rechten Hand werden an die Lippen gelegt.
2) Atmen Sie einige Male tief durch und visualisieren Sie über Ihrem Spiegelbild das Sigill.
3) Imaginieren Sie, dass eine andere Person die Empfindung der Berührung Ihrer Lippen auslösen würde.
4) Heben Sie die Hand und bei gleichzeitiger Intonation von *„I“* berühren Sie Ihre Stirn. Lassen Sie nun Ihre Hände über Stirn und Gesicht bis zum Kinn wandern und intonieren Sie *„E“*.
5) Während Sie die Imagination weiter aufrechterhalten, lassen Sie Ihre Hand zur Herzgegend weitergleiten, wobei sie *„A“* intonieren. Fahren Sie ebenso mit folgenden Intonationen fort: Solarplexus *„O“* und Geschlechtsorgane *„U“*.
6) Wiederholen Sie die Punkte 1, 4 und 5, wobei Sie die Augen geschlossen halten und die Intonationen nur noch mental durchführen.
7) Wiederholen Sie die Punkte 1, 4 und 5, wobei Sie imaginieren, daß die Hände Ihre eigenen sind, der berührte Körper jedoch einer anderen Person gehört.
8) Praktizieren Sie den kleinen Energiekreislauf.

DER KLEINE ENERGIEKREISLAUF[29]

Das Lenkergefäß [Dumai]: Das Lenkergefäß verläuft vom Damm über die Mittellinie des Rückens und des Nackens die Schädelmitte entlang bis in die Oberlippe und die Gaumenmitte.

Das Dienergefäß [Renmai]: Das Dienergefäß beginnt ebenfalls am Damm und steigt von dort über die Mittellinie des Bauches, der Brust, des Halses und des Kinns bis in die Unterlippe, Unterkiefermitte und Zungenspitze.

Die Übung

1) Leiten der Energie (Chi, Ki, Qi) – vom Damm das Lenkergefäß empor und vorne in das Dienergefäß hinab.
2) Mit der Hand mehrmals über den Hara-Bereich (Solarplexus) reiben, um die aktivierte Energie zu speichern.
3) Um einen Energiestau im Kopf zu vermeiden, muss man darauf achten, während der Übung die Zunge leicht an den Vordergaumen zu legen.

Übung 3

Legen Sie sich auf Ihr Bett, pressen Sie die Fußsohlen aneinander und spreizen Sie langsam die Knie. Legen Sie die Hände locker auf den Bauch und fühlen Sie Ihren Körper.

1) Visualisieren Sie, während Sie sich berühren, dass die Hände einer anderen Person Ihren Körper liebkosen. Beenden Sie diesen Übungsteil mit der Berührung der Chakren und des Perineums, auf das Sie bei der Rezitation des mantrischen Sigill stärkeren Druck ausüben.
2) Wiederholen Sie den ersten Teil der Übung wie beschrieben, wobei Sie diesmal visualisieren, mit Ihren Händen eine fremde Person zu berühren.

Praktizieren Sie den kleinen Energiekreislauf.

Übung 4

Führen Sie die Übung 3 durch und bleiben Sie entspannt liegen.

Beginnen Sie zu masturbieren, so wie es Ihnen gefällt. Die Position mit aneinander liegenden Fußsohlen soll jedoch beibehalten werden. Wenn Sie den Orgasmus kommen spüren, entspannen Sie sich, hören mit der Stimulation auf, schließen die Augen und rezitieren das mantrische Sigill. Sobald Sie die Kontrolle wieder völlig erlangt haben, fahren Sie mit der Stimulation fort. Sie werden nach und nach fähig sein, sich näher und näher an den Punkt des Orgasmus heranzutasten, um sich dann zu kontrollieren und zurückzuhalten.

Praktizieren Sie den kleinen Energiekreislauf.

---

[29] Tao Joga der Liebe, Mantak Chia, Ansata Verlag, Interlaken 1985.

ÜBUNGEN MIT DEM PARTNER

Übung 5

Einer der Partner legt sich auf das Bett, presst die Fußsohlen aneinander und spreizt langsam die Knie. Die Hände liegen wieder locker auf dem Bauch. Der andere Partner beginnt den Körper zu liebkosen. Anfangs vermeidet er, die sogenannten erogenen Zonen zu berühren. Der passive Partner fühlt die Berührungen der fremden Hände. Wird die Erregung zu groß, kann der passive Partner mit einem vorher abgesprochenen Zeichen zu verstehen geben, dass er eine Pause braucht, um wiederum das Sigill zu visualisieren.

Beenden Sie diesen Übungsteil mit der Berührung der Chakren und des Perineums, auf das Sie bei der Rezitation des mantrischen Sigill stärkeren Druck ausüben.

Nach dem anschließenden Rollentausch führen beide den kleinen Energiekreislauf durch.

Übung 6

Wiederholen Sie die Übung 5, wobei der passive Partner visualisiert, mit den eigenen Händen einen fremden Körper zu berühren.

Beenden Sie auch diesen Übungsteil mit der Berührung der Chakren und des Perineums, auf das Sie bei der Rezitation des mantrischen Sigill stärkeren Druck ausüben.

Nach dem anschließenden Rollentausch führen beide den kleinen Energiekreislauf durch.

DER GROßE RITUS

Der folgende Ritus kann nur umrissen werden, da er im Wesentlichen auf der persönlichen Konzeption beruht.

Schaffen Sie ein entsprechendes Umfeld (z. B. seidenes Bettzeug, edlen Wein, gedämpftes Licht, Kerzen, oder was immer Sie in die richtige Stimmung bringt...)

Führen Sie eine Bannung Ihrer Wahl durch.

Entkleiden sie sich nacheinander. Betrachten Sie den Körper des Partners. Setzen Sie sich gegenüber auf den Boden. Visualisieren Sie das Sigill Ihres gemeinsamen Willenssatzes oder sprechen Sie den Willenssatz gemeinsam. Der Inhalt des Satzes könnte so wie bei den vorhergegangenen Übungen persönliche Sexualkraft, Sinnlichkeit und Charisma zum Inhalt haben oder sich auf das gemeinsame Erleben, die Partnerschaft, usw. beziehen.

Der Partner invoziert die Lebensenergie, vorzugsweise in der Gestalt des Pan.

Die Partnerin invoziert das weibliche Prinzip in der Gestalt der Mondin, der Urfrau, oder Babalon, der göttlichen Hure.

Benutzen Sie alle Fähigkeiten der Visualisation und Imagination, die Sie beherrschen. Aktivieren Sie Ihre ganze Magis. Der Fokus, auf den alle Fäden zulaufen, ist der Akt der Invokation. Rufen Sie die Gottheit in sich »hinein«. Geben Sie sich vollkommen hin, bis Sie zur Gottheit werden.

Haben beide Partner erfolgreich invoziert, vereinigen sie sich und die Prinzipien (Kelch und Gral). Die Ladung des Sakraments erfolgt durch alle zur Verfügung stehenden Mittel.

> *»Liebe ist das Gesetz, Liebe unter Willen. Hat nicht Agape die gleiche Zahl wie Thelema? Das Wort der Sünde ist Begrenzung. Tu was Du willst, soll das ganze Gesetz sein.«*
>
> *A. Crowley, Liber Al vel Legis*

3.6. LIBER THANATOS

»Das Leben ist nur ein anderer Tod.
Des Lebens Geburt, nicht Ende ist der Tod.«

Fr. Hebbel: Tagebücher

Das Liber Thanatos ist im Prinzip ein Saturnexerzitium, dessen Schwerpunkt in Tod (Thanatos) und das Durchdringen des Todes bildet. Den zeitlichen Rahmen und den genauen Ablauf müssen Sie auf jeden Fall selbst bestimmen. Machen Sie es sich nicht zu leicht, aber überschätzen Sie sich auch nicht, denn Sie sollten sich unbedingt an die einmal festgelegten Vorgaben halten. Die Dauer dieser Operation sollte 7 Tage nicht unterschreiten. Natürlich ist es von Vorteil, sich für die ganze Zeitspanne auf eine einsame Insel, Berghütte, oder Höhle zurückzuziehen, doch wer die Möglichkeit dazu nicht hat, der führt die Übung einfach im Alltagsleben durch.

»Kalt werden müssen wir alle, aber bei den meisten bringt es das Leben nicht zustande, und da muß es der Tod besorgen. Sterben und sterben ist nicht dasselbe. Die Sterbestunde ist nur der Moment einer Katastrophe, in der alles wie von einem Sturmwind weggerissen wird, was im Menschen während der Lebenszeit nicht hat zermürbt werden können. – Oder: Der Wurm der Zerstörung zernagt zuerst alle wichtigen Organe, das ist das Altern; trifft sein Zahn die Lebenspfeiler, so stürzt das Haus zusammen. Manche werden kalt in jungen Jahren, die meisten bleiben warm trotz Alter und Menschsein. Der Geschlechtstrieb, – ob er sich nun offenbart wie bei der Jugend, oder versteckt wie beim Greis – ist die Wurzel des Todes. Sie auszutilgen ist das vergebliche Bemühen des Asketen, der ist, wie der Sisyphus, der ruhelos einen Felsen den Berg hinauf rollt, um voller Verzweiflung zusehen zu müssen, daß er vom Gipfel wieder in die Tiefe rollt ... Sie wollen magisches Kaltsein erzwingen ... ... dann ist die Kälte da, die in sich selber bestehen bleibt, die magische Kälte, die die Gesetze der Erde zerbricht, die nicht mehr Gegensatz der Wärme ist, die jenseits liegt von Frost und Hitze; und aus der wie aus dem Nichts hervorquillt alles, was die Macht des Geistes gläubig zu erschaffen vermag ...«

Gustav Meyrink

Beginnen Sie mit diesem Exerzitium entweder an einem bestimmten, vorher festgelegten Tag, oder spontan. Schlagen Sie zum Beispiel, nachdem Sie dieses Kapitel gelesen haben, das Buch zu und sprechen Sie ihren Willenssatz. Dafür eignen sich sowohl allgemeine Formulierungen betreffs der Erfahrung von Thanatos, Einweihung, Reinigung, Neubeginn, usw., als auch Willenssätze für spezielle Vorhaben auf diesem Gebiet.

Legen Sie jetzt den zeitlichen Rahmen für Ihre Arbeit fest.

Fertigen Sie sich ein dem Willenssatz entsprechendes Sigill an. Diese gravieren oder ätzen Sie in ein Stück Metall oder Holz. Für die Dauer dieser Übung sollten Sie nun Ihr Sigill ständig mit sich tragen.

Konzentrieren Sie sich vollkommen auf Ihr geistiges Ziel. Befreien Sie sich durch Beschränkung. Kommen störende Gedanken auf, so visualisieren Sie augenblicklich Ihr Sigill, oder Sie starren darauf. Bewegen Sie sich eher langsam. Sprechen Sie bedächtig und überlegt. Seien Sie sparsam und ordentlich. Halten Sie sich fern von Ablenkungen wie Discotheken, Kino, Theater und andere Festivitäten. Verzichten Sie auf Genussmittel (Alkohol, Drogen, Kaffee, Zigaretten...) und auf jegliche sexuelle Aktivität. Das betrifft auch Ihren Geist. Ertappen Sie sich bei sexuellen Phantasien, visualisieren Sie sofort Ihr Sigill.

Sofern Sie in gesundheitlich guter Verfassung sind, fasten Sie vom ersten Tag an. Sie werden schnell bemerken, dass das Ihre Arbeit ganz wesentlich unterstützt, ja vielleicht sogar erst möglich macht. Trinken Sie nur Kräuter-, oder Früchtetee – das dafür in rauen Mengen. Zum Beginn empfiehlt es sich, besonders entschlackende Tees (Lindenblüten-, Holunder-, oder Blutreinigungstees[30]...) zu sich zu nehmen. Für überzeugte Fasten-Freaks ist es auch nichts Neues, mit einem Einlauf zu beginnen. Wer das nicht will, kann morgens auf nüchternen Magen einen Viertelliter lauwarmes Wasser, in dem er am Vorabend einen Teelöffel Glaubersalz[31] gelöst hat, trinken.

Täglich zur Saturnstunde[32] visualisieren Sie für mehrere Minuten abwechselnd das Symbol des Saturns und Ihr Sigill. Daran schließen Sie jeweils für ca. 15 Minuten eine Meditation über den Tod an.

In der vorletzten Nacht Ihres Exerzitiums sollten Sie unbedingt fasten. Außerdem tauschen Sie Ihr weiches Bett gegen den Fußboden. Stellen Sie sich stündlich den Wecker, um für mehrere Minuten das Symbol des Saturns und Ihr Sigill zu visualisieren.

Am letzten Tag schweigen und fasten Sie. »Schweigen« heißt in diesem Fall auch, sich weder schriftlich noch gestikulierend zu verständigen. Ziehen Sie sich diesen Tag vollkommen zurück.

Gehen Sie zur Dämmerung hinaus in den Wald. Vorzugsweise nehmen Sie eine/n Vertraute/n Ihrer Wahl mit. Suchen Sie sich eine Stelle, an der Sie höchstwahrscheinlich von Touristen und Spaziergängern ungestört bleiben. Setzen Sie sich nieder und schließen Sie in Gedanken mit Ihrem Leben ab.

---

30 Nach Mengenangabe.

31 Glaubersalz erhalten Sie rezeptfrei in der Apotheke.

32 Siehe „Korrespondenzen“.

Machen Sie den berühmten Strich darunter. Ziehen Sie Ihr Resümee. Bereiten Sie sich darauf vor zu sterben. Währenddessen hebt der Helfer eine ca. 50 cm tiefe Grube aus, die Ihnen als Grab dienen wird. Wahlweise legen Sie sich in die Grube, die von einem mit Steinen beschwerten Deckel verschlossen wird, oder lassen sich bis zum Hals mit Erde bedecken. Ist das geschehen, verlässt der Helfer schweigend den Ort.

Sie sind alleine. Visualisieren Sie Ihren eigenen Tod, das Auskühlen des Körpers, die Starre, die um sich greift, das Fleisch, das beginnt zu verfaulen und von den Knochen fällt. Bleiben Sie dabei absolut bewegungslos. Fahren Sie mit Ihren Visualisationen fort, bis nichts mehr von Ihnen übrig ist. Nichts mehr übrig, bis auf einen winzigen Funken in Ihrem Inneren. Zu einer vorher festgelegten Zeit kehrt Ihr Helfer wieder zurück und beginnt leise zu trommeln. Sie visualisieren, wie sich Ihr Körper aufs Neue zusammensetzt. Ihr Helfer beginnt Sie auszugraben. Sind Sie Ihrem Grab entstiegen, trommeln Sie und intonieren mantrisch »KIA«[33]. Eine weitere Möglichkeit für einen passenden Abschluss, der die Wiederkehr der Lebenskraft bezeugt, wäre die Messe des Chaos[34].

Nach Beendigung Ihres Exerzitiums vernichten Sie Ihr Sigill, ohne diese nochmals zu betrachten.

Hinweis: Haben Sie mehrere Tage gefastet, beginnen Sie unbedingt langsam und vorsichtig mit der Nahrungsaufnahme. Ihr Körper wird es Ihnen danken.

3.7. Planetenrituale

Bevor man beginnt, eigentliche Planetenriten durchzuführen, empfiehlt es sich, die Kräfte und Wirkungsweisen zu erleben.

Studieren Sie eine Woche lang die jeweils vorherrschende Planetenschwingung, und notieren Sie alle vorkommenden Synchronizitäten.

Sonntag - Sonne
Montag - Mond
Dienstag - Mars
Mittwoch - Merkur
Donnerstag - Jupiter
Freitag - Venus
Samstag - Saturn

33 Vergl. Jahresfeste „Samhain - Der Ritus des Pooka".
34 Siehe: Die Messe des Chaos - Psychonautik, von Peter J. Carroll.

Kleiden Sie sich entsprechend einer Planetenfarbe, parfümieren Sie sich mit korrespondierenden Düften und essen Sie passende Speisen. Beachten Sie die Veränderungen in Ihnen und die Reaktion Ihrer Umwelt auf Ihre jeweilige Ausstrahlung.

Entwickeln Sie eigene Rituale zu den Planetenkräften. Ist Ihnen das klassische Hexagrammritual kein Begriff, könnten Sie einfach die entsprechenden Hexagramme in alle vier Himmelsrichtungen schlagen.

ZUGRICHTUNG DER HEXAGRAMME

Die angegebenen Zugrichtungen beziehen sich auf die ANRUFENDEN Hexagramme. Zum Ende des Rituals wiederholt der Magier üblicherweise die gezogenen Hexagramme in gegenläufiger Richtung (BANNEN).

z. B. Hexagramm des Mondes

ANRUFEND – 1. von Mond zu Mars   2. von Saturn zu Venus
BANNEND   – 1. von Mond zu Jupiter 2. von Saturn zu Merkur

Genaue Anleitungen zum Hexagramm der Sonne und zum Hexagrammritual finden sich in „Magick“, Aleister Crowley, Routledge & Kegan Paul, 1973 und „Aleister Crowley's Magische Rituale“, Gregor A. Gregorius, Verlag R. Schikowski, Berlin 1980.

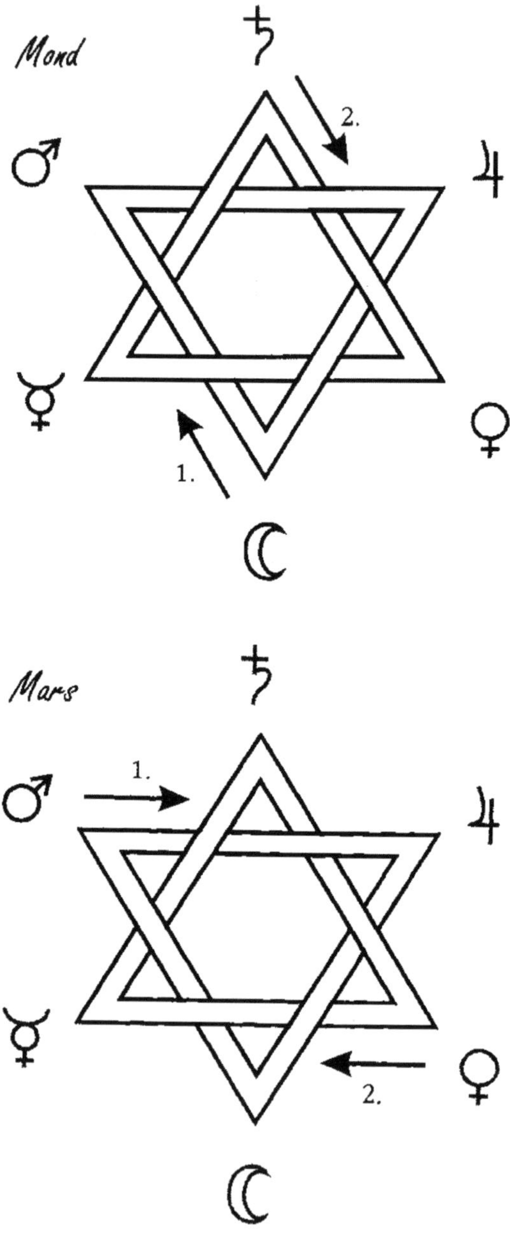
Mond
♄
2.
♂
♃
☿
♀
1.
☾
Mars
♄
1.
♂
♃
☿
♀
2.
☾

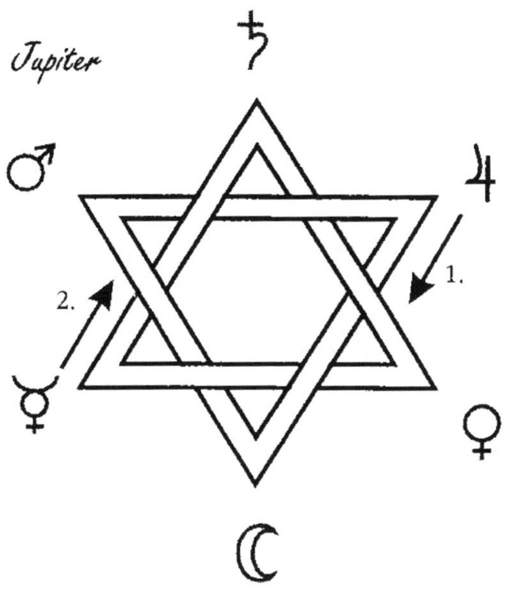
Jupiter
1.
2.

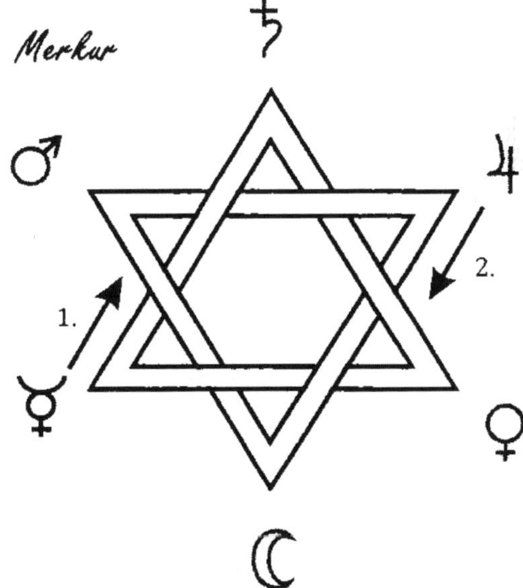
Merkur
2.
1.

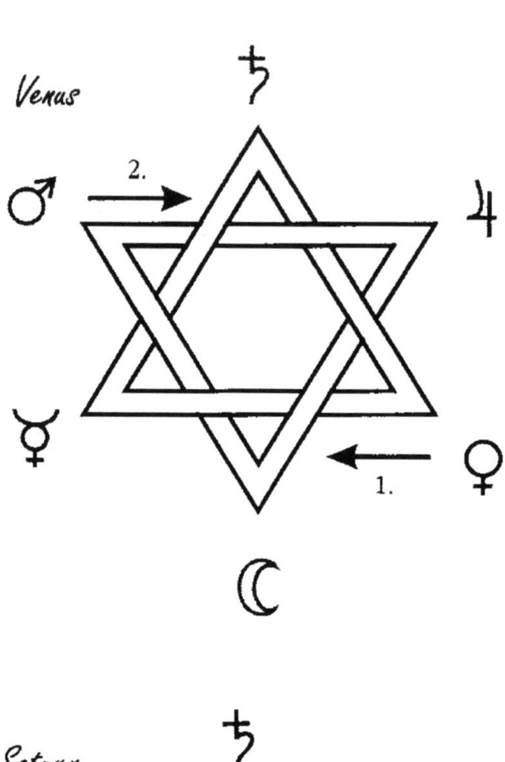
Venus
♄
♂
2.
♃
☿
1.
♀
☾

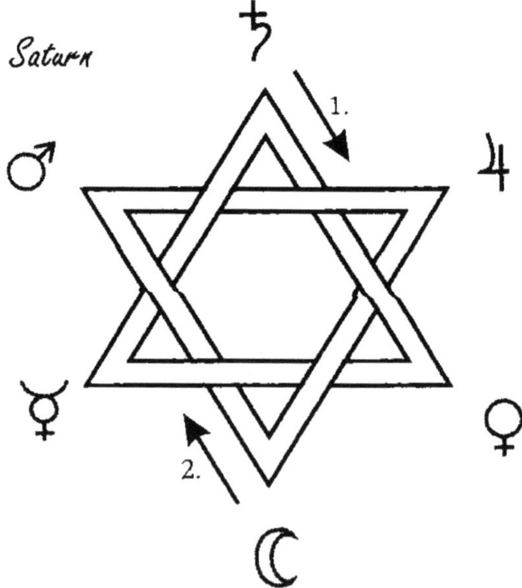
Saturn
♄
1.
♂
♃
☿
♀
2.
☾

3.7.1. SONNE ☉

Prinzip: Lebenskraft, Zentriertheit, Erschaffen, Geben, Zeugungskraft,...

Entsprechende magische Operationen: Erwerb von Weisheit, Mittigkeit,...

Für ein Sonnenritual eignen sich zum Beispiel: Gelbe Roben, sechs gelbe Kerzen, Olibanum und Zimt als Räucherwerk, Wein, das Bilden eines Kreises durch Handschluss, und als Mantra die Intonation von: Sol, Apollo, Mitras, Ra.

3.7.2. MOND ☽

Prinzip: Weiblichkeit, Gefühl, Intuition, Empfangen, Rhythmik, Auflösung, Wandel, Unbeständigkeit,...

Entsprechende magische Operationen: Hellsehen, Traumarbeit, Mantik, Sexualmagie, Verunsicherungszauber,...

Für ein Mondritual eignen sich: neun weiße Kerzen, weiße Roben, Jasmin und Ginseng als Räucherwerk, Milch, Süßspeisen, einschmeichelnde Klänge...

Rufung der Selene
von Frater Erec

„Komm, Selene, weiße, weiche,
Mond und Mädchen, weiße, blasse,
schaue nieder, steige wieder
auf den kühlen, klaren Strahlen
nieder, schwebe, sinke, fließe.
Um Dich flattert tiefer, blauer
Sammetflaus und Sternenschauer.

Komm, Selene, ström zur Erde,
daß dem Herzen leichter werde,
daß der Seelenkelch sich füllt
wie der Mond und überquillt.
Ström zur Erde, sachte, leise,
zeige Formen, tanze, kreise,
spielend wie das Mondenlicht.
Zeig mir Umriß, zeig Gesicht.

Komm, Selene, mich umfangen
Deine Arme, Deine langen,
dunklen Locken fallen wie Wasser.
Komm, Selene, Deinen kühlen

Leib an meiner Brust zu fühlen –
jetzt, Selene, nimm mich, lieb mich,
Göttin, Mädchen, und nun gib Dich,
ström hinein in meine Brust,
fülle mich mit Mondenlust.

Füll mich ganz mit Dir, Selene,
dass ich wahr als Mond mich wähne,
ich Selene, ich Selene,
Mondenkraft und Mondentöne,
ich Selene, ich Selene"

Die Frauen invozieren jeweils eine Mondgöttin. Der jeweils rechts der Invozierenden stehende Mann spricht die Anrufung. Am Ende jeder Anrufung sprechen alle:

„ ...wenn wir für dich tanzen, schenke uns deine Kraft."

ANRUFUNGEN

NUITH –	Sternengöttin, dein Körper umspannt die Erde, Mittlerin zwischen Himmel und Erde, Kanal polarer Energie
ISIS –	Schleiergöttin, Unsichtbare, Geheimnisvolle, Hüterin der Transformation
ASTARTE –	Göttin der Lust, Feuchte, warme, Himmlische, Quell der Lust und Geilheit
APHRODITE –	Göttin der Schönheit, Zauberin, Hüterin der Anmut und Geschmeidigkeit, vollendete Frau
CYBELE –	Freiheitsgöttin, wilde Frau, Schützerin der Unabhängigkeit, der Frauenmacht
HATHOR –	Göttin der Freude, Tänzerin, Sängerin, Quell der Poesie und der lebensspendenden Milch, fruchtbare Frau
MAAR –	Göttin der Weisheit, weise Frau, Hüterin der Gerechtigkeit und der Harmonie, kosmische Harmonie
ISHTAR –	Göttin der Vielfältigkeit, Verkörperung der Frauen, lebendiger Gegensatz – Reichtum des Geschlechts
KALI –	Zerstörerin, Erschafferin des Neuen, gebärende Frau
HEKATE –	Fruchtbarkeit, voller Leib, Hüterin des Bauches
GAIA –	Mutter Erde, dunkle Frau, Spenderin des Lebens, Hüterin der Zyklen und der Kraft
ERIS –	Göttin des Chaos, Ursache und Wirkung

Eventuell folgt ein Kreistanz mit Mantra: *„Mond der schwindet, Mond der wächst, löst und bindet, heilt und hext."*

3.7.3. SCHWARZMOND ☽

In diesem Ritual symbolisiert die Phase der Dunkelheit des Mondes – im Gegensatz zum Vollmond, der die Hingabe an das Verlangen und die Ekstase darstellt – die Unterdrückung der geheimen Sehnsüchte und verborgenen Wünsche, deren Folge letztlich all jene Formen von Wahnsinn, Grausamkeit und Besessenheit sind, die normalerweise den Symbolismus der dunklen Aspekte des Mondes darstellen.

»Ein Mysterium aller Mysterien: Aus dem Machtglühen am Mittag Isaaks (d. h. Geburah), aus dem Bodensatz des Weines, kam ein gewundener Keim hervor, der sowohl das Männliche als auch das Weibliche beinhaltet. Sie sind rot wie die Rose und breiten sich zu verschiedenen Seiten und Pfaden aus. Das männliche heißt Samael, und sein Weib Lilith ist immer in ihm enthalten. So wie es auf der Seite des Heiligen ist, so sind auch auf der anderen Seite das Männliche und das Weibliche ineinander enthalten. Das Weib Samael heißt Schlange, Hurenweib, Ende allen Fleisches, Ende des Tages.«

(Sohar I 148a Thora)

Nach der Bannung könnte ein Willenssatz formuliert werden, um das unterdrückte Verlangen zu erkennen und nach dem eigenen Willen der Verwirklichung zuzuführen. Die Mitte des Kreises könnten verschiedene Farben, Gegenstände, usw., die den Schwarzmond repräsentieren, bilden. Unter der Visualisation des Neumondes können verschiedene Hymnen, oder das Mondlied[35] rezitiert werden. Es folgt die Invokation des unerfüllten Verlangens, wobei der innersten Verzweiflung und Unerfülltheit auf dramatische und ungehemmte Art und Weise Ausdruck zu geben ist. Das könnte in Form einer kreistanzähnlichen Raserei oder wimmernden Umherkriechens, begleitet von Stöhnen und Jammern des Wahnsinns und der Irrheit – auf jede nur erdenkliche Weise geschehen, wobei jedoch nur die Emotion tiefster Unerfülltheit invoziert, aber kein spezifisches Verlangen bevorzugt werden sollte.

3.7.4. MARS ♂

Prinzip: Triebkraft, Leidenschaft, Kampf, Sexualität, Aggression, Mut, ...

Entsprechende magische Operationen: Steigerung der Leistungsfähigkeit, Schutz und Angriff, Arbeiten der persönlichen Durchsetzung, ...

Es eignen sich alle heißen, stechend scharfen Düfte, rohes Fleisch, fünf rote Kerzen, Gürtelschnallen und Schmuck aus Eisen, eventuell eiserne Waffen. Es bietet sich an, durch Erschöpfungs- oder Wuttrance (Kriegstanz mit

35 A. Crowley, Vision and the Voice, 27. Äthyr.

Kriegsgeräuschen, Böller, offenes Feuer, Fackeln, Scheinkampf) das Sakrament zu laden, oder den eigentlich magischen Akt zu setzen.

3.7.5. MERKUR ☿

Prinzip: Intellekt, Kommunikation, Sprache, Trickser, Geschäftssinn,...

Entsprechende magische Operation: Förderung von intellektuellen Aktivitäten, Geschäfte (Geldzauber), Prüfungen, usw., Heilung, ...

Beim folgenden Ritual, ein Merkur-Geldritus, werden nur manche Aspekte des merkurischen betrachtet, nämlich die, die für leichten, spielerischen Umgang und Erwerb von Geld wichtig sind. Im klassischen Sinne wäre die Entsprechung für Gut, Güter und Geld sicherlich eher im Kompetenzbereich von Jupiter zu suchen. Demnach ist hier vielleicht auch etwas Vorsicht geboten. Unterstützen Sie Ihr Anliegen besser auch noch, indem Sie sich Jupiter gewogen halten. Sonst entschwindet vielleicht das so leicht und luftig herbeigezauberte Geld auch genauso schnell wieder.

Ritualaufbau: Insignien des Merkur (Geflügeltes Stirnband und Geflügelter Schlangenstab) • 8 orangefarbene Kerzen • Storax, Mastix und alle flüchtigen Dämpfe als Räucherwerk • Schellen, Glocken, Rasseln • Schale mit Münzen

Ritualablauf: Bannendes Pentagrammritual; evtl. Hexagrammritual[36] – anrufend.

Intonieren des Mantras:
„XAIPE E'PME[37]
SALVE MERCURIUS"

Anrufung des Merkur:
„DICH RUFE ICH, MERCURIUS,
GEFLÜGELTER BOTE DER GÖTTER,
DER DU KOMMST AUF FLINKEN SOHLEN
IN DER HAND DEN SCHLANGENSTAB!

KOMM ZU MIR MERCURIUS,
GOTT DES WISSENS UND DER SCHRIFT,
GOTT DER ZEICHEN UND DER ZAHLEN,
UND DER SCHNELLIGKEIT DES DENKENS!

KOMM ZU MIR MERCURIUS,
GOTT DER HÄNDLER UND DER DIEBE,
GOTT DER SPINNER UND PHANTASTEN,

---

36 Siehe: Magick In Theory And Practice, A. Crowley, Castle Books, New York o.J.

37 Sprich: CHAIRE HERMES.

GOTT DER WÜRFLER UND PÄDERASTEN!
KOMM ZU MIR MERCURIUS,
UND LASS IDEEN SPRÜHEN,
LASS ES MÜNZEN REGNEN, GESCHEITER UND
VERSCHMITZTER SCHELM!

KOMM ZU MIR MERCURIUS
UND LASS ES BLITZEN,
LASS ES FUNKELN,
MACH MICH REICH IN DEINEM SPIEL!

KOMM ZU MIR MERCURIUS,
KOMM ZU MIR GESCHWIND!"

Der Priester nimmt die Insignien des Merkur (Stab und geflügeltes Stirnband) auf und verkündet: *„MERCURIUS SUM"*
Der Priester läuft im Kreis, verstreut Münzen und ruft: *„MERCURIUS – MERCURIUS"*
Unter Klingelgeräuschen und Glockengeläute versucht der nächste Teilnehmer Merkur zu fangen. Ist ihm dies gelungen, übernimmt er die Insignien des Merkur... usw...
Der letzte Invozierende tritt an den Altar und hebt den Kelch hoch. Der Priester zieht das anrufende Hexagramm und spricht den Willenssatz.
Ladung und Verteilung des Sakraments.
Der letzte Invozierende legt die Insignien ab und spricht die Entlassungsformel. Im Regelfall kann auf weitere Exorzismen verzichtet werden.
Bannendes Pentagrammritual.

3.7.6. JUPITER ♃

Prinzip: Reichtum, Überfluss, Überblick, Großzügigkeit, Ethik, Ausdehnung, Wachstum,...

Entsprechende magische Operation: Magie für Wohlstand, Reichtum, philosophische Erkenntnisse, ...

Auch Jupiter hat verschiedenste Aspekte. Beispiel für ein chaosmagisches Ritual wären etwa ein »monarchistisches Jupiterritual«, in dem ein Teilnehmer nach dem anderen den Göttervater Jupiter invoziert und sich im Zuge dessen zum König krönen lässt. Mit umgehängtem Hermelin, Krone und Zepter grüßt und segnet er das jubelnde Volk. Anschließend weiht er ein Sakrament...

Ritualaufbau: Altar mit blauem Tuch • Polster mit Krone • Zepter • Cape mit Hermelinbesatz • Thron aus Gold oder Marmor • Kelch mit Wein • blaue Kerzen • Musik: The great Seal/Laibach

Ritualablauf: Kleines Bannendes Pentagrammritual.
Willenssatz.

ANRUFUNG DES JUPITER

1. Priester: *„Jupiter komm zu uns – Jupiter steige herab vom Götterhimmel!"*

2. Priester: *„Dich rufen wir an, Jupiter Allvater, Allgestalter. Der du das Universum durchströmst mit Barmherzigkeit, dich rufen wir an, mächtiger Schöpfer und Erhalter, auf dass du uns Freude spendest, Glück und Heiterkeit."*

1. Priester: *„Dich, vor dessen Zepter die Elemente erbeben, und der du das Chaos formtest zum unendlichen Raum, zu dir und deinem Glanz lass uns erheben, dessen sonst kein Auge fähig anzuschaun."*

2. Priester: *„Dich rufen wir an, König der vier Welten voller Macht, der du der Herr des Würfels bist und der Pyramide, der du durch dein Gesetz schufst Fülle und Pracht, schenke uns Fröhlichkeit, wohlergehen und Friede."*

1. Priester: *„Dich, der du Jupiter, Zeus und Amun bist, milder König Gott des Glücks und der Herrlichkeit, deren Überfülle stets aufs Neue sich ergießt, schenke du uns Frohsinn, Reichtum und Zufriedenheit."*

Musik setzt ein.

2. Priester: *„Vivat Jupiter, Bezwinger der Titanen!*
Vivat Jupiter, der schallende Donner zeigt deine Macht!
Vivat Jupiter, Erschaffer mächtiger Götter!
Vivat Jupiter, der du zeigtest Saturn seinen Platz!"

Der erste Invozierende schreitet den Kreis ab und tritt vor den Thron. Dort wird ihm der Hermelin umgelegt. Er wird vom 1. Priester gekrönt und erhält vom 2. Priester das Zepter.

Jupiter spricht: „*IO JUPITER*", und grüßt das Volk.

Sodann erhält er vom 1. Priester den Kelch mit dem Sakrament, weiht ihn und nimmt am Thron Platz. Das Volk huldigt Jupiter durch Lobpreisungen.

Nun legt Jupiter die Insignien ab, während der nächste Teilnehmer den Kreis abschreitet...usw. Nach dem letzten Teilnehmer werden die beiden Priester gekrönt. Der letzte Priester verteilt das Sakrament, bevor er die Insignien ablegt. Danach: Danksagung und Entlassung.
Kleines Bannendes Pentagrammritual.

Man könnte aber auch ein jupiterisches Mahl auf folgende Art durchführen:

Für das **Jupitermahl** stehen erlesene Speisen und Getränke bereit. Der Raum ist durchwegs in Blau gehalten. Auf der Tafel stehen blaue Kerzen.

Ritualablauf:
Kleines Bannendes Pentagrammritual.
Willenssatz.
Anrufung analog zum Jupiterritus.
Alle: *„Jupiter segne diese Speisen. Vivat Jupiter“* 4 x
Es folgt das fulminante Mahl und danach die Entlassungsformel.
Sollte einer der Teilnehmer dann noch in der Lage sein, führt er das kleine bannende Pentagrammritual an. Sonst: ... Bannendes Lachen.

3.7.7. VENUS ♀

Prinzip: Harmonie, Verbindung, Erotik, Liebe, Kunst, Schönheit,...

Entsprechende magische Operation: Förderung künstlerischer Projekte, Harmonieherstellung, Finden von Liebespartnern,...

3.7.8. SATURN ♄

Prinzip: Konzentration, Beschränkung, Härte, Einweihung, Erdung, Weisheit, Detailtreue, Tod, Ordnung, Struktur,...

Entsprechende magische Operation: Konzentrationssteigerung, Konkretisierung materieller Angelegenheiten, Todeszauber,...

3.7.9. URANUS ♅

Beispiel für ein Ritual der äußeren Planetenkräfte

Für ein Uranusritual könnte man ein Stroboskop sowie Trockeneis oder eine Nebelmaschine verwenden. Unter Abspielen »elektrischer Klänge« springen die Teilnehmer aus der Hocke möglichst abrupt hoch in die Luft, reißen die Arme gleichzeitig nach oben und rufen: „URANUS“. Auf diesem Wege werden sie bald durch Erschöpfung die geeignete Trance erlangen, um ein Sakrament zu laden, oder einen Willenssatz seiner Bestimmung zuzuführen. Jeder astrologiekundige Leser wird wahrscheinlich bei meiner rudimentären Beschreibung der Planetenkräfte unwirsch grollen. Für die ersten Schritte in diese Richtung reichen diese Beschreibungen jedoch sicherlich aus. Jeder Interessierte sei auf die sich in Buchhandlungen biegenden Regale, auf die Unzahl von ausführlichen und einschlägigen Büchern zu diesem Thema verwiesen.

3.8. DIVERSE RITEN

»Wir müssen uns nun dem Problem zuwenden, das durch die Notwendigkeit erhoben wird, »zeitliche Abfolge« als nichts anderes als eine »scheinbare Aufeinanderfolge« zu qualifizieren. Wie bereits früher erwähnt wurde, sind Vergangenheit und Zukunft rein subjektive Wirkungen und haben in der Realität keine objektive Existenz. (Die Frage bleibt natürlich offen, ob in der Realität überhaupt irgendetwas »objektiv« existiert.) Die Realität kennt nur den einzigen Rahmen des Augenblicks des Seins.«

Keith Floyd - Of Time and the Mind

3.8.1. ELEMENT-RITEN

Ritus der Erde

Ritualaufbau: Altar im Norden • Erdräucherung • Rasseln • Trommeln • Sakrament

Ritualablauf: Die Teilnehmer stampfen im Kreis. Bannung durch Rasseln und Trommeln (beginnend im Norden). Die Teilnehmer gehen weiter im Kreis und intonieren die Erdrunen: *„FEHU, URUZ, WUNJO, BERKANO, OTHALAZ, INGWAZ“.*
Währenddessen heben die Teilnehmer nach Möglichkeit mit ihren Händen Gruben aus (mind. 30 cm tief) und graben ihre Füße möglichst weit ein. Anschließend werden die Erdrunen von allen gleichzeitig je 4 x intoniert.
Willenssatz (z. B. *„Unser Wille sei, die Kräfte der Erde in uns aufzunehmen, um fest im Leben zu stehen.“*).
Ladung des Sakraments.
Verteilung des Sakraments.
Rasseln, und Ausgraben der Teilnehmer.
Danksagung und Entlassung.
Bannung: Trommel.
Intonieren in einem Atemzug: *„UOAEI“.*
Bannendes Lachen.

Ritus der Luft

Ritualaufbau: Altar im Osten (Luft) • Lufträucherung • Schwunghölzer • Sakrament

Ritualvorbereitung: Fertigen Sie sich vor Beginn des Rituals ein Schwungholz an, indem Sie sich einen Stab in der Länge von 30-40 cm suchen, ihn eventuell von der Rinde lösen, oder mit persönlichen Glyphen und Sigillen, Zeichen der Luft, oder Ornamenten versehen. An diesen Stab binden Sie eine ca. 100-150 cm lange Schnur.

Ritualablauf:

1) Hammerritus.
2) Anrufung des Luftelements.
3) Verkünden des Willenssatzes; Runenintonation mit Runenstellungen: *„EHWAZ, MANNAZ, ELHAZ, THURISAZ"*.
4) Kreisen der Schwunghölzer unter gleichzeitiger Intonation der Luftrunen.
5) Ladung des Sakraments oder/und des Talismans durch Schleudern des Schwirr/Schwungholzes gegen Osten – über den Altar mit gleichzeitigem Schrei einer Luftrune (einzeln).
6) Verteilung des Sakraments.
7) Verteilung der Talismane.
8) Danksagung und Verabschiedung.
9) Hammerritus.

3.8.2. RITUS DER GROSSEN MUTTER

Die Urmütter

HEVA – Erdmutter = Mutter der Lebendigen = Erdea = Nuit = Chavan, Planet Erde

REA – Ria = die Strömende, Fließende = der Lebensstrom = Rah (weibl.) – Sonne

ISIS – Luna = Sisi = Iris = siebenfacher Regenbogen = Brücke zur Transzendenz, Mond

NAHEMA – Durga = Kali = Atropos = Todesgöttin = Satana = Auflösung, Vernichtung, Zerstörung = weiblicher Shiva = Saturn, Saturnzeichen

JUNO – Hekate = Hera = Mutter des Rechts = Mutter der Götter = Gerechtigkeit – Jupiter, Jupiterzeichen

HELENA – Proserpina = Göttin der Unterwelt – Merkur

ISHTAR – Nephtis = Venus = Aphrodite = die Schaumgeborene, die aus Schaum Entstandene, schöpferisch-weiblich-nasses Element, Holde oder Holle

LILITH – Astarte = Mutter der Magie = Königin - Zeichen Schwarzmond

Ritualaufbau: 5 Priesterinnen • Altar mit rotem oder schwarzem Tuch • Vier Kerzen – für jedes Element (Himmelsrichtung) • Symbole für: Kröte (Fruchtbarkeit, Fülle, warmer, schleimiger Bauch, sich breitmachen), Schlange (sexuelle Kraft, Kraft von Tod und Wiedergeburt, denn sie kann sich häuten), Eule (Weisheit, Wissen der Nacht, sich in der Dunkelheit bewegen können, Genauigkeit) • Decke • Sakrament (in Rotwein getauchte Brotstücke) • Räucherwerk (süß, schwer)

Ritualablauf:
Gnostische Bannung.

Die erste, nach **Osten gewandte Priesterin** ruft:

„*Ich rufe Dich, Frau des Ostens, klare Luft, Wind, Intuition, Hüterin der Gedanken!*" (GONG)

Die **Priesterin im Süden** ruft:

„*Ich rufe Dich, Frau des Südens, Hitze, Feuer, – brodelnde, kochende Hüterin des Kessels!*" (GONG)

Die **Priesterin im Westen** ruft:

„*Ich rufe Dich, Frau des Wassers, sanfte Kraft, Wasser, Meerestiefe, Hüterin der bitteren Wasser, der süßen Quellen und des Blutes!*" (GONG)

Die **Priesterin im Norden** ruft:

„*Ich rufe Dich, Frau des Nordens, Dunkelheit der Nacht, Erde, warmer Schutz, Hüterin der Höhlen und der Berge!*" (GONG)

Einer der männlichen Teilnehmer spricht eine Hymne an Luna[38]:
Die in der Mitte stehende Priesterin beginnt die Invokation der großen Mutter und spricht:

„*Isis, Astarte, Diana, Hekate, Demeter, Kali, Innana*
Große Mutter – ich rufe Dich!
Isis, Astarte, Diana, Hekate, Demeter, Kali, ..."

Nun führen die Frauen den Stampftanz (links – rechts – „WHA") – zur invozierenden Priesterin gerichtet durch – während die Männer die Anrufung rezitieren:

„*Isis, Astarte, Diana, Hekate, Demeter, Kali, Innana.*"

Nach einiger Zeit der Rezitation beenden die Frauen ihren Tanz und nehmen das anrufende Mantra auf.
Die invozierende Priesterin spricht:

„*Ich bin die große Mutter, Spenderin des Lebens.*
Kommt und seid Zeugen meiner Mutterschaft!"

Die Priesterin legt sich auf Decke, zieht die Beine an und bleibt in dieser kauernden Haltung liegen.

---

[38] Siehe „Anleitung für Planetenrituale/Mond".

Die vier Priesterinnen der Himmelsrichtungen knien rund um die große Mutter und beginnen, sie vorsichtig hin und her zu wiegen. Sie murmeln ganz leise: „*U – U – U – U* – ... “, während die Außenstehenden durchgehend „U“ intonieren.
Die große Mutter löst sich aus ihrer embryonalen Haltung, und die Geburtswehen setzen ein. Mit dem Fortschreiten der Wehen steigert sich die Lautstärke und Heftigkeit der Intonation der Priesterinnen.
Sobald die Geburt erfolgt ist, hebt eine der Priesterinnen, die bislang – unter einem Tuch, zwischen den Beinen der großen Mutter – versteckte Schale mit dem Sakrament hoch, was von allen durch Freudenrufe, Schreien, Jaulen, Brummen, Zwitschern usw. begrüßt wird.
Evtl.: Geburtskanal[39].
Verteilung des Sakraments.
Danksagung an die große Mutter (durch die invozierende Priesterin).
Danksagung und Entlassung der Hüterinnen der Elemente (durch die Elementepriesterinnen).
Gnostische Bannung.

SIEGEL DER GROßEN MUTTER

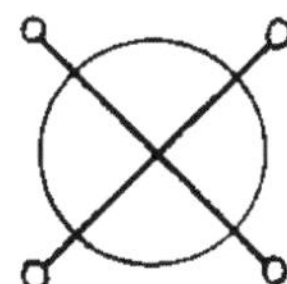
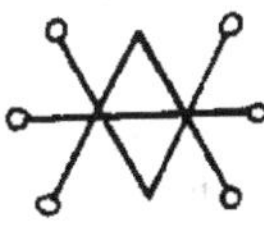

3.8.3. RITUS DER WILDEN JAGD[40]

Ritualaufbau: Stab • Trommeln • Kelch mit Sakrament.

Ritualablauf:
Hammerritus oder Gnostische Bannung.
Sitzkreis mit Trommeln.

---

39 Geburtskanal: Die große Mutter erhebt sich und stellt sich mit leicht gespreizten Beinen hin. Hinter ihr schließen die Priesterinnen der Elemente dicht auf und stellen mit ihren Beinen den Geburtskanal. Währenddessen liegen die anderen Teilnehmer in embryonaler Haltung auf dem Boden und halten Augen, Mund und Ohren mit ihren Händen verschlossen. Auf ein Zeichen rutscht ein Teilnehmer nach dem anderen, unter größten Anstrengungen, auf dem Rücken liegend, durch den Geburtskanal. Am Ende erhebt sich der Teilnehmer, wird von den Elementepriesterinnen mit Rufen empfangen und erhält das Sakrament von der großen Mutter.

40 Dieses Ritual wurde in Gruppenarbeit eines IOT-Tempels entwickelt.

Der Priester tritt in die Mitte des Kreises, hält den Stab hoch und ritzt die Rune ISA ein. Daraufhin zieht er am Boden die Rune HAGALAZ mit dem Stab, und steckt ihn in der Mitte in den Boden.
Die Teilnehmer intonieren und stellen: *„WUNJO, EIWAZ."*
Anrufung Odins in seinem Aspekt des wilden Jägers.
9 Trommelschläge.

„Odin, Odin, Odin, Odin
Wotan, Wotan, Wotan, Wotan
Durchflute uns mit deiner Kraft
Zeige dich als wilder Jäger,
Jage in uns durch die Wälder.
Schattengleich, wie Traumgestalten
Tosend wilde Heerschaar."

Währenddessen trommeln die Teilnehmer und intonieren in beliebiger Reihenfolge: *„WUNJO, EIWAZ, ALGIZ."*
Es beginnt ein ekstatischer, invokatorischer Kreistanz, bis ein Teilnehmer aus dem Kreis ausbricht und den Stab ergreift. Er führt die wilde Jagd durch den Wald an. Erst wenn der Stabträger spielerisch gefangen wird, gibt er den Stab an den nächsten Teilnehmer ab, der nun seinerseits die wilde Jagd kreuz und quer durch den Wald führt.
Der letzte Stabträger stößt den Stab wieder in den Boden, bevor er ihm abgenommen wird. Alle laufen im Kreis um den Stab, während sie die Konzentration und Ballung der Energie im Kreis visualisieren. Auf ein Handzeichen des Priesters stoppt die wilde Jagd. Im Zustand größter Spannung schleudern die Teilnehmer die aufgestaute Energie, gleichzeitig mit einem Wort der Kraft, auf das Kommando des Priesters: *„3 - 2 - 1"* – ins Kreiszentrum.

Im Zentrum steht der Kelch mit dem Sakrament, das nach der Ladung an die Teilnehmer verteilt wird.
Bannung durch Lachen.
Danksagung, Entlassung, eventuell Exorzismus.
Hammerritus oder Gnostisches Pentagrammritual.

3.8.4. VON DER RUFUNG UND DEM UMGANG MIT DEM EGREGORE

Die Arbeit mit dem Gruppengeist

Rufung des Egregore

Ritualaufbau: Altar mit schwarzem Tuch (Es empfiehlt sich eventuell, eine dreieckige Altarplatte zu verwenden, aus der in der Mitte ein Kreis ausgeschnitten ist, durch welchen Licht an die Decke des Tempels strahlt) • schwerer Weihrauch.

Ritualablauf:

Wahlweise – Gnostische Bannung.
Bannendes Pentagrammritual.
Willenssatz: *„Unser Wille sei, unser gemeinsames Kraftfeld zu verdichten, um unseren Egregore zu evozieren!"*
Der Priester leitet durch Handzeichen eine Atemmeditation an, die wie folgt abläuft:

3 einatmen – 2 anhalten – 3 ausatmen – 2 anhalten
5 einatmen – 3 anhalten – 5 ausatmen – 3 anhalten
– langsam steigernd –
7 einatmen – 4 anhalten – 7 ausatmen – 4 anhalten

Sodann beginnen die Teilnehmer, ihre magischen Namen zuerst schweigend, dann immer lauter werdend, zu intonieren. Das Durcheinander von Klängen und Namen wird nur vom Schlagen einer Trommel begleitet.
Hören die Teilnehmer andere Klänge im Raum, sollten sie diese in ihre Rezitation übernehmen. Dieser Vorgang wird so lange wiederholt, bis alle Teilnehmer ein und denselben Namen rezitieren.

Jetzt leitet der Priester einen Kreistanz gegen den Uhrzeigersinn an, wobei jeder Teilnehmer seinen linken Arm zur Mitte des Altars hinstreckt und weiter den Namen des Gruppengeistes rufend, alle Energie auf den zur Decke strahlenden Lichtkegel richtet. Nach Beendigung des Kreistanzes setzen sich die Teilnehmer schweigend nieder und nehmen mit all ihren Sinnen den evozierten Gruppengeist wahr.

Nun erhebt sich der Priester und spricht: „...Name) – *erschaffen durch das morphogenetische Feld dieser Gruppe, stehst Du in unserer Mitte. Wir danken Dir für Dein Erscheinen und bitten Dich: Sei Schild und Schutz für diese Gruppe und ermögliche uns durch Dich engen magischen Kontakt – wann immer wir es wünschen."*

Alle: „ ... – ... – ... – ... (Name). *Wir danken Dir für Dein Erscheinen!*"

Wahlweise: Gnostische Bannung; Bannendes Pentagrammritual.

Warnung: Dieses Ritual verbindet alle Teilnehmer weit über den Zeitraum der Durchführung des Rituals hinaus. Deshalb muss sich jeder aller daraus resultierenden Konsequenzen vollkommen bewusst sein.

DER UMGANG MIT DEM EGREGORE

Ritualaufbau: – wie bei der Rufung des Egregore • evtl. spezielles, von der Gruppe gemischtes Egregore – Räucherwerk

Ritualablauf:

Wahlweise: Gnostische Bannung; Bannendes Pentagrammritual.

Willenssatz: „*Unser Wille sei, durch die Kraft unseres Egregore größte magische Übereinstimmung und Effizienz zu erlangen!*"

Atemmeditation (siehe „Rufung des Egregore").

Nach kurzer Zeit größtmöglicher Ruhe beginnen die Teilnehmer den Namen des Egregore zu denken, durcheinander zu murmeln und schließlich synchron und laut zu rezitieren.

Priester: „... (Name) – *sei Zeuge unseres Tuns und halte schützend und stärkend Deine Hand über uns, auf dass unser Wille ungehindert seiner Verwirklichung zustrebt.*"

Alle: „...– ... – ... –... – ... – ... – ..." (Name).

(Eventuelle Opfergaben oder vom Egregore geforderte Taten müssen vor der Durchführung von der ganzen Gruppe befürwortet werden). Es folgt das eigentliche Gruppenritual, wobei eine weitere Bannung entfallen kann.

Nach Abschluss des Rituals spricht der Priester: „... (Name) – *Wir danken Dir für Deine Zeugenschaft, Deinen Schutz und Deine Hilfe. Mögest Du – und wir durch Dich – erstarken! In Verfolgung des großen Werks der Magie!*"

Wahlweise: Gnostische Bannung; Bannendes Pentagrammritual.

Die praktische Arbeit mit diesen Ritualen hat Vor- und Nachteile gezeigt. Wenn Sie mit dem Egregore experimentieren, möchte ich noch eine, kürzlich in einem IOT-Tempel sehr erfolgreich durchgeführte Variation des Rituals beschreiben[41]:

---

41 Ich möchte an dieser Stelle allen Fratres und Sorores des Tempels Ennoia für diese Erfahrung danken.

IAO-Formel

Willenssatz: „*Unser Wille sei, unser gemeinsames Kraftfeld zu verdichten um unseren Egregore zu evozieren!*"

Die Teilnehmer schlagen ein Pentagramm und stellen das »Zeichen des Zerreißen des Schleiers«.

Der Priester leitet durch Handzeichen eine Atemmeditation an, die wie folgt abläuft:

3 einatmen – 2 anhalten – 3 ausatmen – 2 anhalten
5 einatmen – 3 anhalten – 5 ausatmen – 3 anhalten
– langsam steigernd –
7 einatmen – 4 anhalten – 7 ausatmen – 4 anhalten

Sodann beginnen die Teilnehmer, ihre magischen Namen zuerst schweigend, dann murmelnd zu intonieren.

Dann beginnen sie, durch Visualisation und Projektion dieser Schwingungen in der Mitte des Kreises einen pulsierenden, sich windenden Zylinder zu erschaffen.

Die Teilnehmer versuchen im Gegensatz zu dem vorher beschriebenen Ritual nicht, einen definierten gemeinsamen Namen zu finden, sondern geben sich dem Geschehen hin, indem sie, von ihrem persönlichen magischen Namen ausgehend, jedwede Geräusche oder Intonationen ausstoßen, die sich ergeben. Das sollte so lange durchgeführt werden, bis die Synchronizität der Gruppe an einem Punkt angelangt ist, an der der Zylinder eine sehr dichte Konsistenz erreicht.

Nun setzen sich alle Teilnehmer auf den Boden, verharren still und fühlen die Energie im Raum.

Danach erheben sie sich und bilden eine Kette im Kreis, wobei jeweils eine Hand das Handgelenk des Nachbarn umfasst[42]. Sie intonieren 8 x »Om«, stellen danach das Zeichen des »Schließen des Schleiers« und schlagen ein abschließendes Pentagramm.

Bei dieser Version stellt die Neuaufnahme eines Mitglieds in die Gruppe kein Problem dar, da das Ritual immer wie beschrieben durchgeführt und somit der Egregore zwar nicht jedes Mal neu erschaffen wird, aber immer wieder andere Facetten im Vordergrund stehen. Bei der ersten Version muss der Neuling den Namen des Egregore übernehmen und damit sozusagen erst in das Kraftfeld der Gruppe hineinwachsen. Das Gleiche gilt für den Austritt eines Mitglieds. Außerdem ist bei dieser Version die leidige Frage »Soll man das eigene Kraft-

---

42 Auch bekannt als Turnergriff oder Bruderkette.

feld am Schluss bannen, oder nicht?« gelöst. Im Ritual tritt jeder durch das Zeichen des Eintretenden ein.

Wir benutzten dieses Ritual auch dazu, erkennen zu können, ob ein neues Mitglied zu unserer Gruppe passt, indem wir nach der Rufung des Egregore die Kandidaten in das Zentrum unseres Kraftfeldes projizierten, und dadurch die erforderlichen Auskünfte bekamen.

3.8.5. DIE WAFFENWEIHE

»Du wagst es mir zu drohen? Ich feßle Dich mit meiner Willensmacht wie jene, denen ich gebiete. Sei wer Du willst, ich bin der Erste, ich herrsche hier allein, Du hast zu weichen meiner Macht. Werde mein Sklav'!«

Luzifers Bekenntnisse, Leopold Engel

Dieses Ritual dient zur Ladung eines speziellen magischen Dolches, der für kampfmagische Zwecke vorgesehen ist.

Ritualaufbau: Altar mit schwarzem Tuch • rote Kerze • Glyphen und Symbole der infernalischen Wesenheiten • schwarze Masken • schwerer Weihrauch

Ritualablauf:
Inverses Bannendes Pentagrammritual.

Kabbalistisches Kreuz[43].

„ATEH
MALKUTH
VE- GEBURAH
VE- GEDULAH
LE- OLAM
VA- ET"

Ziehen der auf der Spitze stehenden Pentagramme:

W: *„LEVIATHAN"*[44]
S: *„SATANAS"*[45]
O: *„LUZIFER"*[46]
N: *„BELIAL"*[47]

„Vor mir ARITON
Hinter mir ORIENS
Zu meiner Rechten PAYMON
Zu meiner Linken AMAYON
Rund um mich flammende Pentagramme
Über mir strahlt der sechszackige Stern"

Musik: Vangelis/Mask

Gleichzeitiges Rezitieren der lateinischen Anrufung:

IN NOMINE MAGNI DEI NOSTRI SATANAS
INTROIBO AD ALTAREM DOMINI INFERI
QUI REGIT TERRAM
DOMINE SATANAS
REX INFERNUS

Nun stellen sich die Teilnehmer im Kreis auf und richten ihre Waffen nach oben.

Der Priester spricht die folgende Anrufung: *„Im Namen des dunklen Herrschers der Erde befehlige ich den Wesen der Finsternis, mir ihre Kraft zu verleihen. Öffnet weit die Tore und kommt heran aus der Tiefe des Abgrunds, um mich als eure(n) Schwester (Bruder) zu begrüßen."*

---

43 Siehe „Kleines Bannendes Pentagrammritual".
44 Hebr.: Schlange aus den Tiefen des Meeres.
45 Hebr.: Widersacher, Ankläger.
46 Röm.: Lichtbringer, Morgenstern.
47 Hebr.: Unabhängigkeit.

Die Teilnehmer beginnen im Westen mit der Anrufung: Intonation von ARITON. *„Ariton, verleihe diesem Dolch (Schwert) deine magische Kraft. Sende mir deine Geister und Dämonen, wenn ich durch diese Waffe nach dir rufe."* Ziehen des auf der Spitze stehenden Pentagramms.

Süden: Intonation von AMAYON. *„Amayon verleihe diesem Dolch (Schwert) deine magische Kraft. Sende mir deine Geister und Dämonen, wenn ich durch diese Waffe nach dir rufe."* Ziehen des auf der Spitze stehenden Pentagramms.

Osten: Intonation von ORIENS. *„Oriens verleihe diesem Dolch (Schwert) deine magische Kraft. Sende mir deine Geister und Dämonen, wenn ich durch diese Waffe nach dir rufe."* Ziehen des auf der Spitze stehenden Pentagramms.

Norden: Intonation von PAYMON. *„Paymon verleihe diesem Dolch (Schwert) deine magische Kraft. Sende mir deine Geister und Dämonen, wenn ich durch diese Waffe nach dir rufe."* Ziehen des auf der Spitze stehenden Pentagramms.

Die Teilnehmer stehen nun in der Mitte des Kreises, richten ihre Waffen nach oben und halten die Luft an. Wenn die Anspannung absolut unerträglich wird, schreien die Teilnehmer beim Ausatmen ihr persönliches, für diesen Zweck entworfenes Wort der Kraft[48].

Inverses Bannendes Pentagrammritual mit Danksagung und Entlassung.

---

[48] Siehe auch „Sigillen" unter „Impulsmagie".

3.8.6. RITUS DER GEHÖRNTEN SCHLANGE

Ritualaufbau: Priester und Priesterin, 2 Tempeldiener • Kapuzen (Augenbinden) • Altar mit schwarzem Tuch • Dolch und Kelch • Symbole für Lingam und Yoni • Räucherwerk – süße, schwere Düfte

Ritualablauf: Die Teilnehmer stehen im Kreis und sind mit Roben bekleidet. In der Mitte des Tempels steht der Altar, der mit einem riesigen schwarzen Tuch bedeckt ist. Rund um den Altar brennen Kerzen.

Kleines Bannendes Pentagrammritual.
Anrufung der gehörnten Schlange.

»Ich bin das Herz, und die Schlange ist gewunden um den unsichtbaren Kern des Gemütes. Erhebe dich, oh meine Schlange! Es ist nun die Stunde der ver-

hüllten und unaussprechlichen Blume. Erhebe dich, oh meine Schlange, in das Strahlen der Blüte auf dem Leichnam von Osiris, im Grabe schwimmend! Oh Herz meiner Mutter, meiner Schwester, mein eigenes, du bist dem Nil übergeben, dem Schrecken Typhon! Ach! Aber die Glorie von rasendem Sturm umgibt dich und umhüllt dich im Rausch der Form. Siehe! In meiner Schönheit wie fröhlich bist du, oh Schlange, die Krone meines Herzens liebkost. Siehe! Wir sind eins, und der Sturm der Jahre senkt sich zur Dämmerung nieder, und der Käfer erscheint. Oh Käfer, das Surren deines traurigen Tons sei immer der Taumel der zitternden Kehle! Ich erwarte das Erwachen!«

Crowley - Liber Cordis Cincti Serpente

Mit dem Beginn der Anrufung zieht der Priester langsam das über den Altar gebreitete Tuch weg. Auf dem Altar liegt eine nackte Frau (die Priesterin) mit den Symbolen von Lingam und Yoni. Gleichzeitig werden die Kerzen gelöscht und der Tempel bleibt schwach durch rotes Licht erhellt.

Der Tempeldiener schlägt den Gong als Zeichen dafür, dass die Teilnehmer ihre Roben ausziehen (darunter sind die Teilnehmer nackt). Nun wird einmal der Gong angeschlagen, wobei jeder seine Augenbinde anlegt. Gleichzeitig setzt Musik ein.

Berührungstanz

Beim Ausklingen des ersten Musikstücks bewegen sich die Teilnehmer nur mehr langsam.

Die Teilnehmer praktizieren den kleinen Energiekreislauf[49].

Die Priesterin und der Priester streifen durch den Raum, halten jeweils einen Teilnehmer des anderen Geschlechts an und malen ihm mit roter Farbe das Sigill des Willenssatzes über das Basischakra. Zuletzt bemalen sich Priester und Priesterin gegenseitig.

Die Musik klingt aus, die Teilnehmer nehmen ihre Augenbinden ab, stehen wieder im Kreis und intonieren *„U“*; wobei jeder die Hände links und rechts vor das Basischakra der Nachbarn hält.

Priester und Priesterin stehen einander gegenüber, gehen aufeinander zu und stellen sich Rücken an Rücken auf, wobei sie Kelch (Priesterin) und Dolch (Priester) hochhalten.

Sie sprechen gemeinsam den Willenssatz: *„Unser Wille sei, Sexualkraft und Erfüllung zu erfahren!“*

Die Teilnehmer beginnen zu stöhnen und zu hyperventilieren. Jetzt drehen Priester und Priesterin sich um und weihen das Sakrament, indem der Priester den Dolch in den Kelch hält.

---

[49] Siehe „Liber Eros“.

Die Teilnehmer steigern währenddessen Stöhnen und Hyperventilieren bis zu einem rasenden Orgasmus-Schrei, den sie in das Sakrament projizieren.
Musik setzt ein. Verteilung des Sakraments.
Die Musik klingt aus.
Danksagung und Entlassung.
Kleines Bannendes Pentagrammritual.
Von den Tempeldienern werden Getränke aufgetischt.
Musik setzt ein, und ein rauschendes Fest beginnt.

3.8.7. RITUS DER EIR

Ein Heilungsritus von Sor. Anahita .359.

Ritualaufbau: Steinspirale mit Eingang im Norden • 5 Fackeln (N, O, S, W, Mitte) • 1 Trinkhorn • Trommeln und Rasseln

Ritualablauf:
Die Teilnehmer stellen vor Beginn des Rituals ein persönliches Wort der Kraft zur Heilung (Heil-Sein) her.
Die Teilnehmer stehen um die Spirale, die Priesterin steht in der Mitte.
Hammerritus.
Eine Trommel schlägt langsam den Rhythmus, während die Teilnehmer intonieren: *„Eir, Eir, ...“*. Währenddessen spricht die Priesterin die Anrufung:

„Eir, Eir,
Göttin der Heilkunst,
große Ärztin,
Bewohnerin Lyfiabergs,
Eir, Eir, wir rufen Dich ...“

Die Priesterin hält das Horn in die Höhe und spricht den Willenssatz: *„Weihe dieses Sakrament durch Deine heilende Kraft.“*
Die Intonation verstummt. Die Priesterin tritt, von Trommelschlägen begleitet, aus der Spirale in den Kreis.
Kreistanz gegen den Uhrzeigersinn mit Rasseln, Trommeln und dem Mantra: *„LUPA HORNS ENS HEILPA HJOHO“*[50].
Der erste Teilnehmer betritt die Spirale und tanzt mit angehaltenem Atem zum Zentrum. Dort ruft er zum Zeitpunkt größtmöglicher Trance sein persönliches Wort der Kraft und trinkt vom Sakrament.
Sobald er das Horn wieder abstellt, gibt ein lauter Trommelschlag das Zeichen, die Drehrichtung des Kreistanzes zu ändern.

---

[50] Übersetzung: Das magische Horn möge uns Heil bringen.

Der Teilnehmer tanzt aus der Spirale.
Abermals gibt ein Trommelschlag das Zeichen, die Drehrichtung zu ändern.
Der nächste Teilnehmer betritt die Spirale.
Zum Schluss tanzt die Priesterin in die Spirale, ruft ihr Wort der Kraft und trinkt vom Sakrament.
Danksagung und Entlassung.
Hammerritus.

3.8.8. JENSEITS – EIN ROTER RITUS[51]

Ritualaufbau: Sarkophag oder Altartisch • Schwarzes, goldgesäumtes Tuch mit den Namen der Götter des Abgrunds (Ausoi, Uliro, Sisis, Orilu, Iosua) • 1 schwarze Kerze • Knochen und Knochensplitter • Kelch • Sakrament • Schwerer Weihrauch

Ritualablauf: Inverses Pentagrammritual.

1. Priester/in: *„Unser Wille sei, die Grenzen von Zeit und Raum zu überwinden, um das Mysterium von Leben und Tod zu erfahren."*

Die Teilnehmer atmen ruhig und tief. Für die Zeitspanne der Anrufungen halten Sie jedoch den Atem an.

1. Priester/in: *„Herr des Todes und der Auferstehung, Spender des Lebens, Du, dessen Name Geheimnis aller Geheimnisse ist, gib unseren Herzen Kraft! Steige herab in Deine Diener, die Deinen Kult feiern."*

2. Priester/in hebt den Kelch über den Sarkophag mit den Knochen und dem bestickten Tuch. Ein Teilnehmer legt eine größere Menge Weihrauch auf den Brenner.

1. Priester/in: *„Lucifer, Leviathan, Satan, Belial - empfangt das Opfer!"*

2. Priester/in zieht ein Pentagramm über den offenen Sarkophag und spricht: *„Oriens, Paymon, Ariton, Amayon – empfangt das Opfer. Es ist die Stunde, in der sich die Sonne verdunkelt, in der die Finsternis um sich greift, die Stunde in der das Wort verlorengeht."*

1. Priester/in: *„Iosua, Orilu, Sisis, Uliro, Ausoi, verlasst Eure verborgene Heimat, auf dass jeder, der nur Staub ist, aus seinem Grab erwacht, aus der Asche emporsteigt zu uns – durch Abadon, den Engel über dem bodenlosen Abgrund."*

Die Teilnehmer intonieren zuerst leise, dann immer dröhnender die Namen: *„Oriens, Paymon, Ariton, Amayon"*.

---

51 Nach Korrespondenzen und einer Idee der „Zeugen Luzifers".

Der/die 2. Priester/in hebt den Dolch und verharrt einige Augenblicke, während die Teilnehmer weiter intonieren. Dann spricht er/sie: *„Zauber einer schrecklichen Macht, Hexerei, älter als die längst zerstörten Mauern von Babylon, lange bevor Ninive erträumt wurde, alt, älter, über alles Erinnern hinaus."*

Der 1. Priester/in wirft als Symbol der Annahme des Todes einige kleine Knochensplitter auf den Brenner, was sofort entsetzlichen Gestank im Raum verbreitet, und spricht: *„Dunkler Herrscher aus den schwarzen Tiefen. Wir stehen vor Dir, um die Macht über Leben und Tod zu fordern. Empfange das Blut, welches Leben gibt."*

Gleichzeitig nehmen die Teilnehmer wieder ihre Intonation auf: *„Oriens, Paymon, Ariton, Amayon."*
An dieser Stelle des Rituals wird das Opfer durchgeführt. Hier reicht das Spektrum vom Vergießen eines Kelches mit Rotwein über das Opfern von Blut der Teilnehmer, bis zum Schlachten eines Tieres.
Der Priester/in vergießt das Blut über die Gebeine. Ein Teilnehmer schlägt den Gong, heftiger und heftiger, bis der ganze Raum erzittert.
Die anderen Teilnehmer imaginieren einen rasenden Sog, der sie für einige Augenblicke die Grenzen der Dimensionen und der Zeit durchqueren lässt. Sie durchqueren unzählige Menschenleben und erfahren das alte Leben, jenseits der Zeit der Menschen – das Wunder von Leben und Tod...
Die Teilnehmer geben spontane Äußerungen von sich oder geben sich ihren momentanen Eingebungen hin.

1. Priester/in: *„Einsam, jenseits von Kälte, jenseits von Hitze, jenseits der Götter, jenseits der Menschen, gekommen aus der tiefsten Tiefe. Zauber einer schrecklichen Macht, Hexerei, älter als die längst zerstörten Mauern von Babylon, lange bevor Ninive erträumt wurde, alt, älter, über alles Erinnern hinaus."*

Danksagung.
Inverses Pentagrammritual.

3.8.9. ANGST VOR DER ANGST ODER EMOTIONSSTEUERUNG UND PARADIGMENWECHSEL

»PARANOIDE HABEN RECHT:
SIE HABEN SEHR VIELE FEINDE
(Wer möchte auch schon mit ihnen befreundet sein?)«

Furcht ist manchmal Triebfeder für außerordentliche Leistungen. Angst jedoch hemmt, beschränkt, vereitelt Erfolg im Alltag und bei magischen Operationen.

Angst vor Versagen, Angst vor Konsequenzen, Angst vor den eigenen Emotionen, Angst vor der Angst.

Es ist unmöglich, Angst zu bekämpfen, ohne die breite Palette menschlicher Emotionen zu bearbeiten. Ich sehe zwei Gründe, Emotionssteuerung zu betreiben, die letztlich persönliche Befreiung zum Ziel haben.

1) Emotionssteuerung befähigt, sich von Stimmungen und Gemütsschwankungen unbelastet, freier zu bewegen.
2) Praktizierte Emotionssteuerung erleichtert den Umgang mit Paradigmenwechsel. Diese weichen unsere festgefahrenen Verhaltensmuster und Denkweisen auf und erweisen sich als brauchbare Werkzeuge magischer Praxis.

Demnach möchte ich im folgenden Emotionssteuerung von zwei verschiedenen Perspektiven betrachten:

- Einschätzen und Steuern von Emotionen, um »oben« zu bleiben.
- Erfahrung der Emotionspaare (Gegensätze).

Diese Perspektiven zu unterscheiden, scheint mir sehr wesentlich, da im ersten Fall eine Wertung der Emotionen nach gut oder schlecht, brauchbar oder unbrauchbar für das tägliche Leben vorgenommen werden muss. Im zweiten Fall unterbleibt diese Wertung, da es dem Magier um die Erfahrung und den bewussten Einsatz von Emotionen und deren Gegenteil geht.

Die Dualität der Gefühle:

COAGULA	SOLVE
Das Prinzip der Anziehung, des Zusammenkommens	Das Prinzip des Abstoßens, der Trennung, des Vermeidens
SEX	TOD
LIEBE	HASS
WOLLEN	FURCHT
FREUDE	LEID
ENTZÜCKEN	NIEDERGESCHLAGENHEIT

Unterziehen Sie sich für mindestens eine Woche täglich einem Schaltkreistraining, indem Sie sich ein oder mehrere Gegensatzpaare wie »Sex – Tod / Liebe – Hass / Freude – Leid« aussuchen. Begeben Sie sich in einen ruhigen, meditativen Zustand. Rufen Sie dann die erste Emotion (z. B. Freude) auf. Anfangs wird das sicher anhand einer Erinnerung an eine bestimmte freudvolle Situation passieren. Man imaginiert diese Erinnerung und versucht, möglichst mit allen Sinnen zu fühlen und zu erfahren. Nehmen Sie wahr, wie sich Freude oder Angst, Liebe oder Hass im Körper anfühlt, wie sie schmeckt, riecht... Sodann ruft man die gegenteilige Emotion (z. B. Angst) auf. Auch das wird anfangs wieder durch Erinnerung an bereits real Erlebtes passieren. Der nächste Schritt führt wieder zu der ersten Emotion – in unserem Fall »Freude« – zurück. Jetzt versuchen wir, diese Emotion extrem zu intensivieren, indem wir uns richtig »hineinsteigern«. Ebenso verfährt man mit der gegenteiligen Emotion. Man kann auf diese Weise jeweils ein oder mehrere Gegensatzpaare gleichzeitig bearbeiten. Beenden sollte man diese Arbeit auf jeden Fall mit ausgiebigem Gelächter, da ja »Lachen« bekanntlich jenseits der Emotionen steht. Sie werden die Erfahrung machen, dass es zunehmend leichter wird, die Emotionen abzurufen und schlagartig zu wechseln. Im Zuge dessen zeigt es sich auch, dass es mit zunehmender Praxis immer seltener notwendig sein wird, Erlebnisse aufzurufen. Die Emotionen werden dann wesentlich abstrakter erfahren. Hat man die Möglichkeit, mit einem Stroboskop[52] oder Tonfrequenzen zu arbeiten, kann man diese Übung effektiv unterstützen. Durch die Praxis dieser Übungen gelangt man nicht dazu, ein völlig gefühlloses Wesen zu werden. Im Gegenteil, man lernt wie ein Akrobat auf der Leiter der Emotionen zu turnen, ohne in Gefahr zu laufen, von den Emotionen überrannt und unausweichlich bestimmt zu werden. Das bringt dem Magier im Alltag die Fähigkeit »oben zu bleiben« und in der magisch-rituellen Arbeit die Fähigkeit, Paradigmen leichter zu wechseln und verschiedenste emotionale Zustände gleichsam auf Knopfdruck zu erreichen und zu intensivieren.
Die hier beschriebene »Arbeit mit der Angst« ist, wie schon erwähnt, nur ein kleiner Teil der angewandten Emotionssteuerung, und kann jederzeit auf alle anderen Emotionen umgelegt werden.

Die Arbeit mit der Angst: Begeben Sie sich in einen ruhigen, meditativen Zustand. Lassen Sie Beispiele für angstbesetzte Situationen vor Ihrem inneren Auge ablaufen.
Nachts alleine im Park.
Narkose.

---

[52] Lichtzerhacker.

Der Aufzug bleibt stecken – nach 15 Minuten noch immer kein Zeichen.
Mündliche Prüfung – es fällt Ihnen absolut nichts ein.
Glatteis und Nebel – ein Ihnen sehr nahestehender Mensch ist mit dem Auto zu Ihnen unterwegs und verspätet sich wesentlich.
Ihr Flugzeug muss wegen Getriebeschaden über dem Atlantik umkehren.
Ein wichtiges Bewerbungsgespräch – Sie schütten Kaffee über Ihre Kleidung und haben keine Zeit mehr sich umzukleiden.
Bei einem Nachtspaziergang überrascht Sie ein schweres Gewitter – der kürzeste Heimweg führt über einen alten verfallenen Friedhof.
... (Ihnen fällt sicher noch anderes ein!?)

Tragen Sie Ihre Ängste, gereiht von 1 (Ihrer größten bewussten Angst) bis 5, in Ihr Tagebuch ein. Meditieren Sie in den nächsten Tagen jeweils über eine dieser Ängste und beobachten Sie, ob und in wieweit sich deren Stellenwerte verändern.

DAS GESICHT DER ANGST

Praktizieren Sie den folgenden Ritus an einem möglichst eindrucksvoll, schaurigen Ort. Dieses Ritual kann alleine, oder in einer Gruppe durchgeführt werden. Es dient zur Bewusstmachung der eigenen Ängste und verhindert von ihnen beherrscht oder überrumpelt zu werden.

Ritualaufbau: Tempel mit schwarzen Tüchern • UV-Licht oder Schwarzlicht[53] • Altar mit Totenschädel und magischem Spiegel.

Ritualablauf:
Kleines Bannendes Pentagrammritual oder Gnostisches Pentagrammritual.
Die Teilnehmer meditieren über ihre Ängste und die damit verbundenen körperlichen Empfindungen.
Unter Abspielen geeigneter Musik (Ordo Virtutum/lateinisch, sakrale Gesänge) schreiten die Teilnehmer mit ins Gesicht gezogenen Kapuzen im Kreis. Nachdem der Kreis mehrmals abgeschritten wurde, nimmt jeder vor seinem magischen Spiegel Platz.
(Sollte kein Musikmix zur Verfügung stehen, wird nun von einem zweiten Tonbandgerät Musik dazugespielt). Erst vereinzelt und leise, dann immer öfter und lauter erklingen Stöhnen, Weinen und Kreischen... (z. B. Diamanda Galas/Litanies of Satan).

---

[53] **Anmerkung:** Bei der Ausstattung des Tempels sollte beachtet werden, dass alle Lichtquellen dermaßen im Raum verteilt sind, dass sie nur wenig Licht spenden, und dass keine störenden Reflexionen auftreten können.

Währenddessen starren die Teilnehmer in ihren Spiegel und evozieren ihr Gesicht der Angst, indem sie alle Erfahrungen von Angst aufrufen und auf ihr Spiegelbild projizieren.
Dieser Vorgang wird fortgesetzt, bis die Musik (Ordo virtutum) verklungen ist, und nur noch erschreckende Geräusche von D. Galas und den Teilnehmern zu hören sind. Die Verzweiflung und Raserei der Angst steigert sich mit zunehmender Verdichtung der Gesichter in den Spiegeln.
Auf ein Zeichen des Priesters brechen alle in schallendes Gelächter aus und schmähen die Gesichter der übermächtigen Angst durch Schimpfworte, Worte der Kraft und obszöne Gesten.
Gleichzeitig wird der Tempel vom Priester durch möglichst viele Lampen erhellt und die Verdunklung der Fenster entfernt.
Kleines Bannendes Pentagrammritual oder Gnostisches Pentagrammritual[54].

DER WIDERSACHER – DIE LETZTE KONFRONTATION

Diese Übung beschreibe ich zwar hier, möchte jedoch ganz deutlich darauf hinweisen, dass ich sie niemandem empfehle, der nicht gut geerdet und mit einer Menge praktisch-magischer Erfahrung ausgerüstet ist. Denn dies ist eine Übung bewusst herbeigeführter Paranoia, die den Magier zu nie gekannter Freiheit führen kann. Sollte sich ein Magier zu dieser Übung entschließen, muss er es 120%ig tun, denn solch eine Übung darf höchstens einmal pro Inkarnation durchgeführt werden, will man nicht um seine geistige Gesundheit bangen müssen.

Der Kandidat betritt – vorzugsweise zu Neumond – einen möglichst dunklen, ihm unbekannten Wald. Er betritt ihn ohne Waffe und Ausrüstung. Er ist sich darüber im Klaren, dass dies die ultimate Konfrontation wird. Er spricht den Willenssatz: »Dies mein Wille meinen Widersacher zu stellen.« Sodann macht er sich auf die Suche nach seinem persönlichen Widersacher, der alle seine Ängste, alles Hemmende, Destruktive, einfach alles, was wider den Magier steht, beinhaltet.

Der Magier sucht so lange, bis er ihn findet und stellt. ...
Weitere Erläuterungen können zu dieser Übung nicht gegeben werden. Aus meiner persönlichen Erfahrung kann ich an dieser Stelle nur berichten, dass mich bei der Durchführung dieser Übung lediglich der intensive Umgang und die Hilfe meines Clanwesens vor gröberen Schäden bewahrt hat.[55]

---

54 **Achtung:** Der Priester hat größtes Augenmerk auf eine korrekte Bannung zu legen, da diese den Schwerpunkt dieses Rituals darstellt!

55 Siehe auch „Krafttier und Clanwesen“.

»Das Bewußtsein kann auf die Materie einwirken und sie transformieren. Diese letztendliche Umwandlung von Materie in Bewußtsein und vielleicht eines Tages sogar von Bewußtsein in Materie ist das Ziel des supramentalen Yoga, von dem wir später sprechen werden. Aber es gibt so viele Entwicklungsstufen der Bewußtseinskraft, angefangen beim Suchenden oder Adepten, bei dem gerade der innere Wunsch nach Erwachen entsteht, bis hin zum Yogin, und selbst unter den Yogins gibt es viele Stufen - genau hier beginnt die wahre Hierarchie.«

Satprem - Sri Aurobindo oder das Abenteuer des Bewusstseins

3.8.10. Interface (with the void)[56]

Ein Ritus bei dem die Korrespondenz zu bestimmten schamanischen Arbeiten, bei denen das Krafttier den Schamanen zerfleischt, um ihn anschließend wieder zusammenzusetzen, nicht zu übersehen ist. Der Magier wird aller seiner Fähigkeiten, seines Körpers und seines EGO's beraubt. Durch diesen Prozess der Reinigung und Initiation erhält er einen neuen »Körper«.

Ritualablauf:
Die Teilnehmer beginnen den Ritus mit einer Meditation über Energien und Farben in Körper und Aura.
Gnostisches Pentagrammritual –
Die Teilnehmer entkleiden sich und nehmen, mit dem Kopf gegen Norden liegend, die Stellung des Pentagramms (Arme seitlich weggestreckt, Beine gespreizt) ein. Auf ein Zeichen des Priesters (Gong) beginnt die Atemtechnik:

4-einatmen.....2-anhalten.....4-ausatmen.....2-anhalten.

Auf diese Weise werden langsam und ruhig 23 Zyklen geatmet, während von allen visualisiert wird, wie alle Farbe den Körper verlässt und in die Aura fließt. Schlussendlich bleiben die Körper der Teilnehmer vollständig transparent zurück.
Nun beginnt der nächste Teil, bei dem weitere 23 Atemzyklen durchgeführt werden. Gleichzeitig wird visualisiert, wie die Farbe der Aura absorbiert und von der Umgebung und dem Erdboden aufgesaugt wird. Zurück bleiben geschlechtslose leere Hüllen.
Visualisation von energetischen Farbzylindern:

- Beine: rechts = schwarz, links = Weiß;
- Arme: links = gelb, rechts = blau; Atemtechnik (5 x).

Visualisation eines roten Lichtscheins, der sich zu dem roten Auge des Horus entwickelt. Atemtechnik (10 x).

---

56 Nach Eric Mowat jr.

Visualisation von blau-weißem Licht, das aus der Umgebung kommt und den Körper umspielt, bis sich die Aura wieder aufbaut. Atemtechnik (5 x).
Augen öffnen.
Gnostisches Pentagrammritual / Bannendes Lachen.

»Glendower: Ich rufe die Geister aus der wüsten Tiefe!
Percy: Ei ja, das kann ich auch, das kann ein jeder.
Doch kommen sie auch, wenn ihr nach ihnen ruft?«
Shakespeare, Henry IV, 1. Teil, 3. Aufzug

3.8.11. Auf dem Pfad zu den Großen Alten

Die Großen Alten repräsentieren eine ältere Weisheit, welche der menschlichen Zivilisation vorausgeht und die für die menschliche Wahrnehmung sowohl unermesslich mächtig als auch unermesslich fremdartig ist. Der ganze Cthulhu-Mythos leitet sich aus einer ganzen Anzahl von Schriften Lovecraft's und anderer Autoren, die ähnliche Stilmittel benutzen, ab. In den Erzählungen Lovecraft's wird ein Netzwerk (oder auch eine Verschwörung) von Kulten, welche die Großen Alten verehren und versuchen, ihre Rückkehr zur Erde zu beschleunigen, beschrieben. Das findet man in den diversen Ausgaben des Necronomicons (Buch der toten Namen), oder auch in den Theorien über die Illuminaten (nach R. A. Wilson). Lovecraft schrieb zwar zahlreiche Grusel- und Horrorgeschichten, besaß aber weder Glauben noch besondere Faszination für die Wirklichkeit des Phantastischen. Er bestritt die Existenz okkulter Phänomene. Er war einigermaßen medial begabt, konnte aber zu Lebzeiten keine seiner Erfahrungen wirklich verarbeiten und wurde deshalb fortwährend von seinen eigenen Ängsten eingeholt – wie sicherlich jeder, der sich mich großen Kräften einlässt, aber nicht die innere Reife und gleichzeitig die erforderliche Distanz zu den Dingen besitzt. So brandmarkte Lovecraft bald die Großen Alten als „böse“ und bezeichnete die Praktiken der Kulte als „blasphemisch“.

Hin und wieder beschreibt Lovecraft auch Riten, die sehr an Schamanismus, Voodoo, Hexenkulte, oder viele chaoistische Rituale erinnern. Das magische Konzept der Atavismen, die Erlangung spezifischer Formen der Bewusstheit, welche mit unseren reptilischen Vorfahren und dem sogenannten „Drachenhirn“ – Stammhirn, dem primitiven lymbischen System, verbunden sind, kommt im ganzen Cthulhu-Mythos vor – zum Beispiel die Schilderungen des Gestaltwechsels, der Verwandlung eines Menschen in einen der „Tiefen“, eine krötenartige Lebensform des Meeres, die Diener von Cthulhu – die „Inkarnation“ von Bewusstsein aus den Tiefen der Seele in die wache Bewusstheit. Immer wieder schreibt Lovecraft über Grenzgänger in diesen Welten, bis hin zur „heiligen Hochzeit“ zwischen der Entität Yog-Sothoth's und einer weiblichen Anhängerin des Kultes in der Geschichte „The Dunwich Horror“.

Auch Aleister Crowley erkundete diese Ebenen. Seine Erlebnisse hat er in dem Werk „The vision and the voice“ niedergeschrieben. Der Unterschied zwischen Crowley und Lovecraft ist der, dass der Magier Crowley in diesen Dimensionen tiefgehende Initiationen erlebte Lovecraft hingegen konnte seine Visionen eben nicht verarbeiten und erlebte sie als permanenten Horror. Obwohl Lovecraft nicht nachweisbar mit Crowleys Schriften vertraut war, ist zu erkennen, dass zwischen dem, was beide erlebten, eine enge Beziehung besteht – wenn auch die Symbole bei Lovecraft verzerrt erscheinen.

LOVECRAFT	**CROWLEY**
Die Großen Alten. (Cthulhu-Stories).	Die Großen der Nacht der Zeit. Die Ältesten.
Das ist nicht tot, was ewig liegt, bis das die Zeit den Tod besiegt. Der große Cthulhu, der tot ist, aber in R'lyeh träumt.	Der ursprüngliche Schlaf, in den die Großen der Nacht der Zeit versenkt sind. Pan ist nicht tot, er lebt, Pan.
Azathot, das blinde und idiotische Chaos im Zentrum der Unendlichkeit.	Azoth (Essenz), Hadit, das Chaos im Zentrum (Essenz) der Unendlichkeit (Nuit).
Nyarlathotep, der Gesichtslose.	Der Kopflose oder der Geburtslose.
Der in grauen Stein gravierte fünfpunktige Stern.	Nuits Stern ist das Fünfeck, (Grau ist in der Herrscherinnenskala die Farbe von Binah, der großen Mutter, Nuit).
Yog – Sothoth. Das Necronomicon.	Seth – Thoth. Das Liber Al vel Legis, welches Crowley von Aiwass erhielt, der als von arabischem Typus beschrieben wird, und das die Grundlage des A... A... bildet.
Die kalte Wüste Kadath, der Wohnort der Götter	Der Wanderer in der Wüste ist eine Bezeichnung für Hadit[57].

Die im folgenden Ritual vorkommende Stadt R'lyeh ist als Tor zu den tiefen Strömen des Bewusstseins zu verstehen. Sie ist eigentlich eine ganze Reihe von Toren zu anderen Dimensionen und kann als eine Form der „Tunnel von Seth“ von Kenneth Grant angesehen werden. Meist bieten hier Träume oder meditative Techniken das gesuchte Verbindungsstück, weil es sich um lang vergessene Kräfte handelt, die herrschten, <u>bevor</u> der Mensch war. Sie sind

---

57 Die Henochischen Schlüssel der Magie, M. D. Eschner, Edition: Stein der Weisen, Berlin 1982.

deshalb nur sehr unmanifest und deshalb schwer zu beschreiben und zu erfahren. Der Traum als psychisches Tor, die Fähigkeit des luziden Träumens ist ein altes schamanistisches Prinzip. Solche Fähigkeiten sind unter Magiern aller Systeme sehr verbreitet, sowohl als Spontanergebnis als auch als Ergebnis „gewollten Träumens“ (unter Zuhilfenahme von Sigillen, Impulsen, etc. ...).

Wichtig für die folgende praktische Arbeit scheint mir noch folgendes:
Cthulhu ist als eine passende Gottform für die Stimulation telepathischer Sendungen und R'lyeh als ein Tor zum kollektiven Bewusstsein (Unbewussten) zu sehen.
Es ist zu empfehlen, sich der Stadt R'lyeh nicht zu sehr zu nähern. Es ist eher als Dämonennetz zwischen menschlichem und nichtmenschlichem Raum zu behandeln.

Die Tore von R'lyeh

Die angegebenen Visualisationen sind mit größtmöglicher Intensität und mit allen verfügbaren Sinnen aufrecht zu halten.

Ritualaufbau: Dunkler, möglichst schwarzer Tempel • Siegel der alten Götter • UV-Lampe • Musik und Geräusch (Wasser) • Eine Schale mit kaltem Wasser für jeden Teilnehmer.

Ritualvorbereitungen:
Herstellung einer persönlichen Sigille.
Schlafentzug.
Fasten.
Evtl. kalte Bäder.

Ritualablauf:
Gnostische Bannung.
Es folgt eine kurze Zeitspanne der totalen Stille.
Visualisation der Siegel der alten Götter:

Gleichzeitige Intonation von: „*O - O - O - O - U - U - U - U - U*“ (tiefer werdend).

Gleichzeitige Intonation von: „*O - O - O - O - U - U - U - U - U*“ (tiefer werdend).

Gleichzeitige Intonation von: *„O - O - O - O - U - U - U - U - U"* (tiefer werdend).

Anrufung des Cthulhu: *„O dunkel verbietendes Meer, was liegt in deinen Tiefen verborgen, dort unten, jenseits der Blicke sterblicher Menschen, brütend in der ewigen Nacht, weit jenseits der Reiche des Sonnenlichts; dort liegt ein Relikt einer lang vergessenen Zeit, es kriecht, wartet, zählt seine Zeit, bis es einmal über die Welt hereinbricht.*

Ich habe von jenem Ort geträumt, den dunklen und muschelbesetzten Türmen und Hügeln, den Basaltsäulen, mit Girlanden aus Seetang geschmückt; einer Festung der Tiefen, äonenalte Stadt der Alpträume, auf deren höchsten Gipfel ein grauer Koloss steht, ein riesiger Steinmonolith, zerfurcht vom Vergehen ungezählter Jahre.

Dieses titanische Zeichen krönt eine Krypta, worin der große Priester, der mächtige Cthulhu ruht, der im Traum des Todes unruhig schläft, bis die Sterne richtig stehen, dann wird er sich erheben, um die Seelen zu jagen der niederen Menschen, wenn seine Zitadelle geworfen wird in die wache Welt, die ihn nicht kennt, außer in weit entfernten Winkeln des Erdkreises, wo Zauberer und Schamanen ihre Stellung halten und in Zeiten fahlen Mondes Litaneien flüstern zu seinem gefürchteten Namen."[58]

Die Teilnehmer halten nun ihre Hände in die vor ihnen stehenden Schalen mit kaltem Wasser. Sie visualisieren, geleitet durch die Hinweise und Geräusche, den scheinbar unendlichen Ozean.

Der Ritualleiter führt die Teilnehmer an, sich der Stadt R'lyeh zu nähern[59]: *„Sieh' die unendliche Weite des Ozeans; Fühle, Wasser umspült Dich, es trägt Dich, die Wogen und Wellen treiben Dich dahin; Du fühlst einen leichten Sog nach unten ...ein Strudel entsteht... Du fühlst das Zerren immer stärker ... Der Strudel erfasst Dich nun ganz und zieht Dich unter Wasser... Du siehst nichts... Deine Augen gewöhnen sich an die neue Umgebung, ...blaugrüne Unendlichkeit... Du sinkst tiefer und tiefer... Ein Fischschwarm zieht vorbei,... Es ist seltsam, unter Wasser zu hören,... Du sinkst tiefer und tiefer,... Das Druckgefühl wird immer stärker... Du spürst es erst in den Ohren, dann in der Lunge... und schließlich am ganzen Körper... unter Dir siehst Du bodenlose Dunkelheit... Während Du weiter sinkst ...und sinkst, tauchen unbekannte Tiefseekreaturen auf... Faszination mischt sich mit Angst... Du erreichst den Meeresboden... Alles scheint fremdartig... Du erkennst neben Dir einen brei-*

58 Nach Zebulon.

59 Nach Möglichkeit wird die Anleitung durch synthetische Klänge (Synthesizer) unterstützt.

ten Graben, der wiederum scheinbar unendlich weit abfällt... Der Druck wird nahezu unerträglich, doch du lässt Dich weiter abwärts gleiten... In der tiefsten Dunkelheit, die nie ein Mensch erblickte, erkennst Du ein schwaches Glimmen,... in der Entfernung erscheinen die unscharfen Umrisse zyklopischer Bauten; die verrückte, mit menschlichen Maßstäben nicht erfassbare Geometrie der Stadt R'lyeh... Die Umrisse nehmen langsam Gestalt an... Riesige Quader, Rhomben und mit unseren Maßstäben nicht begreifbare geometrische Figuren, die durch dieses seltsame innere Glühen erfüllt sind, zeigen sich Dir... Du erreichst nun den Meeresboden... Vor Dir schält sich ein grauer Umriss aus der Unendlichkeit der Tiefe und Dunkelheit... Der graue Monolith, das Grabmal des Cthulhu erscheint vor deinen Augen."

In diesem Moment schleudern die Teilnehmer ihr vorher angefertigtes Sigill mental auf den Monolithen. Der Ritualleiter schlägt heftig den Gong an. Für den Bruchteil einer Sekunde glühen die Sigillen strahlend auf der Steinoberfläche auf. Es gibt einen antwortenden Donner aus den tiefsten Tiefen von R'lyeh. Der Boden bebt, und alle Teilnehmer werden von einer Welle der Macht getroffen und mit großer Geschwindigkeit zurück zur Oberfläche getragen. Gleichzeitig nehmen sie ruckartig die Hände aus den Schalen mit Wasser und öffnen die Augen.
Der Tempel wird taghell erleuchtet.
Bannendes Lachen.

3.8.12. DER RUF DER AHNEN[60]

Diese Arbeit ist keinesfalls mit »Tischerlrücken« und spiritistischen Sitzungen zu verwechseln. Ziel des Rituals ist nicht, mit irgendwelchen verkrachten Existenzen, die teilweise in unserer Welt hängengeblieben sind, Kontakt aufzunehmen, sondern Informationen »unseres/er Ahnen« zu bekommen[61].
Wir steuern unser Leben auf Grund von Erfahrungen und unseres Instinktes. Dieser basiert auf unserem genetischen Code, der selbst wiederum auf verschiedenen archaischen Informationen fußt. Diese archaischen, teilweise tief in unserem Stammhirn verborgenen Infos, verquickt mit der kollektiven Erfahrung unserer humanoiden Vorfahren, werden im Folgenden als »Ahne/n« bezeichnet.
Der Ritus ist zur Kontaktaufnahme mit dem Informationsfeld unseres/er Ahnen, bzw. des kollektiven Bewusstseins der Ahnen konzipiert. Da sich das Informationsfeld unserer Ahnen nicht nur auf humanoide Vorfahren und Götter der uns bekannten Erde erstreckt, scheint es angebracht, einen entsprechenden Zugangsmodus zu finden, was in unserem Fall heißt, älteste Kräfte anzurufen, um die Brücken zwischen den Welten und Dimensionen schlagen zu können.

DER RITUS

Ritualaufbau: Tempel mit vier Kerzen in den vier Himmelsrichtungen • Mandala des Anrufens • Schwerer Weihrauch • Stroboskop • Gong • evtl. Verwendung von Trockeneis.

Ritualablauf:
Gnostisches Pentagrammritual.
Ein passendes Musikstück (sphärische Klänge) wird abgespielt.

1. Priester: *„GEIST DES HIMMELS, ERINNERE DICH! GEIST, DER ERDE, ERINNERE DICH! IN DER ZEIT VOR DER ZEIT, IM ZEITALTER, EHE HIMMEL UND ERDE AN IHRE STELLE GESETZT WURDEN, ALS DIE ALTEN DIE HERRSCHER ALL DESSEN, WAS EXISTIERT UND NICHT EXISTIERT, WAREN, DA WAR NICHTS ALS DUNKELHEIT. KEIN MOND WAR DA. KEINE STERNE. KEIN KORN, KEIN BAUM, KEINE PFLANZE WUCHS. DIE ALTEN WAREN DIE MEISTER DES RAUMES – DES NUN UNBEKANNTEN UND VERGESSENEN, UND ALLES WAR CHAOS... DANN KAM*

---

60 Siehe Anubis Nr. 17.

61 Vergleiche: Gustav Meyrink, Der weiße Dominikaner.

DER HIMMEL UND DIE ERDE,... DANN KAMEN DIE TIERE UND DANN DIE MENSCHEN..."

2. Priester: *„GEISTER, HERREN DER ERDE, ERINNERT EUCH!"*

Priesterin: *„GEISTER, HERRINNEN DER ERDE; ERINNERT EUCH!"*

2. Priester: *„GEISTER, HERREN DER LUFT; ERINNERT EUCH!"*

Priesterin: *„GEISTER; HERRINNEN DER LUFT, ERINNERT EUCH!"*

2. Priester: *„GEISTER, HERREN DES FEUERS, ERINNERT EUCH!"*

Priesterin: *„GEISTER, HERRINNEN DES FEUERS, ERINNERT EUCH!"*

2. Priester: *„GEISTER, HERREN DES WASSERS, ERINNERT EUCH!"*

Priesterin: *„GEISTER, HERRINNEN DES WASSERS, ERINNERT EUCH!"*

1. Priester: *„GEIST DES HIMMELS, ERINNERE DICH! GEIST DER ERDE, ERINNERE DICH! AMANU! AMANU! AMANU!"*[62]

Die Teilnehmer verharren in Schweigen, atmen einige Male tief durch und beginnen zu meditieren. Gegenstand der Meditation sind vorerst Sie selbst, dann Ihre Eltern, Großeltern, Urgroßeltern, Ururgroßeltern und alle weiteren humanoiden und nichthumanoiden Vorfahren. Gehen Sie so weit zurück, wie nur möglich. Nach einer längeren Zeit schweigender Meditation klingt die Musik aus.

Der 2. Priester spricht den Willenssatz: *„Unser Wille sei, durch den Kontakt mit den alten Göttern, die Ahnen durch uns sprechen zu lassen."* (Trockeneis wird – soweit verfügbar – in den Raum geblasen).

1. Priester:

„BAAD ANGGARRU, NINNGHIZHIDDA
DICH RUFE ICH AN, SCHLANGE DER TIEFE!
DICH RUFE ICH AN, NINNGHIZHIDDA,
GEHÖRNTE SCHLANGE DER TIEFE!
NINNGHIZHIDDA ÖFFNE,
ÖFFNE DAS TOR, AUF DASS ICH EINTRETEN KANN!
NINNGHIZHIDDA, GEIST DER TIEFE,
WÄCHTER DES TORES, ERINNERE DICH!
IM NAMEN ENKI, HERR UND MEISTER DER MAGIE,
ÖFFNE DAS TOR,
AUF DASS ICH EINTRETEN KANN.
ÖFFNE, DAMIT ICH DAS TOR NICHT ANGREIFE.
ÖFFNE, DAMIT ICH SEINE RIEGEL NICHT ZERBRECHE.
ÖFFNE, DAMIT ICH SEINE MAUERN NICHT ANGREIFE.

---

62 Anrufung nach der Idee aus dem Necronomicon, Verlag R. Schikowski.

ÖFFNE, DAMIT ICH NICHT MIT MEINER MACHT DARÜBER SPRINGE.
ÖFFNE DAS TOR, DAMIT ICH NICHT DIE TOTEN DAZU BRINGE, SICH ZU ERHEBEN UND DIE LEBENDEN ZU VERSCHLINGEN.
ÖFFNE DAS TOR, DAMIT ICH NICHT DEN TOTEN DIE MACHT ÜBER DIE LEBENDEN GEBE.
ÖFFNE DAS TOR, DAMIT ICH DIE TOTEN NICHT AN ZAHL DIE LEBENDEN ÜBERTREFFEN LASSE.
NINNGHIZHIDDA, GEIST DER TIEFE,
WÄCHTER DES TORES, ÖFFNE!
MÖGEN SICH DIE TOTEN ERHEBEN.
MÖGEN SICH DIE TOTEN ERHEBEN
UND DEN WEIHRAUCH RIECHEN!
IHR AHNEN, MANIFESTIERT EUCH!
SPRECHT DURCH UNS ZU UNS.
UUG UDUUG UUGGA GISCHTUGBI".

Visualisation des Tores:

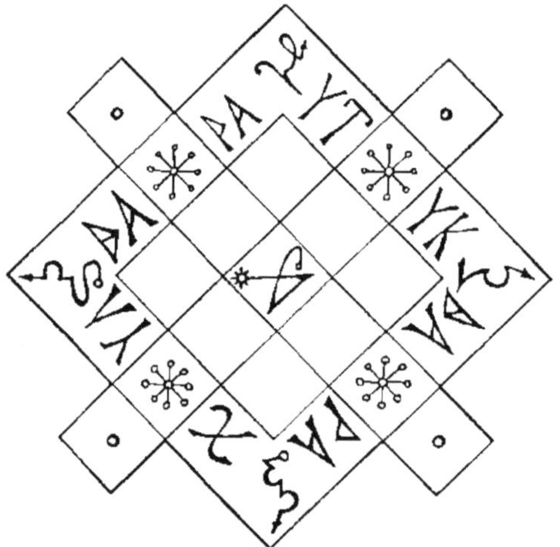

Die Teilnehmer starren auf das Bild des Tores (Mandala des Anrufens) an der Wand, schließen dann die Augen und starren weiter auf das eidetische Nachbild. Diejenigen Leser, die bereits mit Geistreisen und Pfadarbeit vertraut sind, wissen, wie sie zu handeln haben.
Starren Sie auf das Symbol des Tores, wobei Sie den 180°-Blick anwenden, d. h., Sie fixieren das Zentrum des Bildes und lassen Ihren Blick dann »locker«. Haben Sie für mindestens eine Minute, möglichst ohne mit den Lidern

zu zucken, auf das Tor gestarrt, schließen Sie die Augen. Das eidetische Nachbild – in Komplementärfarbe – (in unserem Fall ist das einfach, da das Tor ein Schwarzweißbild ist) entsteht auf Ihrer Netzhaut. Zögern Sie jetzt keinen Augenblick, sonst entschwindet das Tor vor Ihren Augen. Gehen Sie mental immer näher an das Bild heran, bis es scheinbar übermannsgroß wird. Sodann treten, kriechen, schreiten oder springen sie mental durch das Bild. Oftmals wird diese Erfahrung von dem Gefühl des Durchdringens einer feinen unsichtbaren Membran begleitet. Möglicherweise erleben Sie dann einen Moment der Dunkelheit. Lassen Sie sich dadurch nicht irritieren. Wichtig ist nur, dass Sie die Gewissheit haben, durch das Tor getreten zu sein. Stellen Sie mental Ihre Frage an die Ahnen/in. Dazu ist es nicht notwendig, nach personifizierten Erscheinungen zu suchen oder den Ahnen gar bewusst zu imaginieren. Treten Sie einfach durch das Tor und stellen Sie Ihre Frage.
Das Stroboskop[63] wird mit 66,6 Hz angesteuert. Die Teilnehmer lassen sich von den im Raum vorhandenen Energien treiben und beginnen, bei fast oder ganz geschlossenen Augen vor sich hin zu plappern (»BABBLE ON GNOSIS«). Ohne darauf zu achten, ob sie nun sinnvolle Sätze, Wörter, oder unzusammenhängende Laute von sich geben, lallen die Teilnehmer vor sich hin. Lassen Sie auch Ihren Körper gewähren. Öffnen Sie sich mit jeder Pore, um Antwort zu erhalten. Vielleicht gibt sie Ihnen Ihr Körper, vielleicht sprechen Sie sie aus, oder Sie haben das Gefühl, dass eine fremde Stimme aus Ihrem Mund spricht.
Nur – bloß nicht anfangen zu denken!
Mit fortschreitender Praxis und Synchronizität zu dem invozierten Informationsfeld werden mehr und mehr verständliche Botschaften ausgesprochen. Verständliche Botschaften zu erhalten heißt jedoch, weder in klar verständlichen Worten zu sprechen, noch Botschaften zu bekommen, die augenblicklich zu entschlüsseln sind. Das ganze Ritual sollte seiner Qualität nach eindeutig unter »Divination« eingeordnet werden. Hören Sie, was zu hören ist. Spüren Sie, was zu spüren ist. Nehmen Sie wahr, was wahrzunehmen ist. Denken Sie nicht, lassen Sie die Dinge geschehen. Die Antworten, die Sie bekommen, können und sollen Sie erst nach dem Ritus für sich auswerten.
Hat jeder Teilnehmer seine Antwort erhalten, wird von einem Priester der Gong angeschlagen. Die Geister der Toten werden durch persönliche, mentale Dankesworte und die gemeinsame laute Rezitation von: ***„BARRA UUG UDUUG UUGGA!“*** entlassen.
Gnostisches Pentagrammritual.

---

63 Soweit verfügbar.

3.9. Krafttier und Clanwesen

Clantiere sind völlig verschieden von gewöhnlichen Krafttieren[64]. Jeder, der anderes behauptet, hat wahrscheinlich noch nie damit zu tun gehabt. Trotzdem ist es auch für jene Magier, die bereits seit Jahren mit einem Clanwesen gearbeitet haben, schwer zu sagen, was das eigentlich ist. Krafttiere, von denen der Magier oder Schamane auch mehrere besitzen kann, sind Helfer in anderen Welten. Doch obwohl sie zuweilen sehr mächtig und oft alles andere als pflegeleicht sind, sind sie letztlich doch dem Magier untergeordnet. Anders das Clanwesen: Es besitzt uns. Es handelt sich hier um eine Art lebenslanger Besessenheit, bei der die Persönlichkeit des Magiers teilweise weiter in den Hintergrund tritt, obwohl seine Persönlichkeit nach außen hin immer stärker zu werden scheint. Was sich ändern kann, ist nur die Beziehung zum Clanwesen. Ich persönlich sehe einige Parallelen zu Aleister Crowleys »heiligem Schutzengel«, maße mir jedoch keine weiteren Vergleiche an, da ich nicht damit gearbeitet habe.

Clanwesen sind »innere Lehrer«, die gegensätzliche Aspekte, Licht und Dunkel in sich tragen. Sie sind jedoch keinesfalls als flüsternde Stimmen im rechten Augenblick zu verstehen. Sie führen von Innen und können auch direkt den Körper beeinflussen. Oftmals wissen wir nämlich von den Dingen, die wir bereits beherrschen, gar nicht so genau, wie sie funktionieren. Fühlt man sich von der Kraft seines Clanwesens erfüllt, ist plötzlich vieles möglich, das zuvor noch undenkbar war. Es passieren Dinge, ohne dass man weiß, wie oder wieso.

Meine eigene erste Begegnung mit dem Clanwesen war weniger spektakulär, als ich das erwartet hatte. Ich erlebte es zuerst als Energiefeld, hatte dann Bilder von verschiedensten Tieren (ich dachte, ich bin im Zoo), und spürte es dann als Mischwesen, halb Tier, halb Mensch. Ich fühlte körperliche Veränderungen und eine völlig andere Gewichtung meiner Sinne, konnte mich aber trotzdem nicht so recht damit abfinden. Trotz jahrelanger magischer Praxis wollten mir Zweifel und Zensor weismachen, dass es nicht richtig funktioniert hat. Das nun folgende halbe Jahr hatte ich nicht viel zu lachen, denn, nachträglich betrachtet, verbrachte mein Clanwesen seine Zeit abwechselnd damit, über mich und meinen Widerstand zu lachen und mich bis an die Grenzen meiner Belastbarkeit zu fordern. Erst langsam erlernte ich den Umgang mit meinem Clanwesen.

[64] Hervorragende Erklärungen zu den Themen Krafttiere, Hilfsgeister und schamanische Magie finden sich in: Schamanistische Magie im Alltag von SUJJA SU'A'NO-TA, Edition Magus 1985.

Die Arbeit mit meinem Clanwesen gehört zu den allerwichtigsten Dingen in meiner magischen Laufbahn. Trotzdem möchte ich ihr nicht mehr als diese wenigen Zeilen widmen, da sich die Erfahrungen der Worte entziehen. Sie passieren einfach.
Erste Begegnungen mit dem Clanwesen werden durch Augenblicke extremster Gefahr oder durch einen initiierenden Magier herbeigeführt. Die Meinung, dass nur Mitglieder des gleichen Clans andere Clanmitglieder initiieren können, stimmt sicherlich nicht, wobei sich oftmals die Frage gar nicht stellt. Clanwesen, die die Fähigkeit besitzen andere Clanwesen zu holen, melden sich einfach, wenn die Zeit reif ist. Ich hatte bei solchen Arbeiten jedenfalls immer das Gefühl, nicht wirklich gefragt zu sein, sondern bestenfalls meinen Körper zur Verfügung stellen zu dürfen.

Abschließend vielleicht noch folgendes: Leser, die sich angezogen fühlen, sollten bedenken, dass dieser Weg unwiderruflich ist. Wollen sie ihn wirklich beschreiten, werden sie einen Weg zu ihrem eigenen Clanwesen finden.

4. OHRENSESSELMAGIE

4.1. Mentale Arbeiten

»Crowley's Aiwass-Strömung, Spare's Zos Kia Kultus und Lovecraft's Cthulhu-Kult sind verschiedene Manifestationen einer identen Formel - der Traumkontrolle«

Kenneth Grant

Wahre Traumkontrolle heißt, bewußt im astralen Bereich zu funktionieren. Wahre Traumkontrolle setzt nicht nur die Befriedigung des Verlangens (d. h. Erfüllung des Willens) während des Traumzustandes voraus, sondern wie Austin Osman Spare sagt – seine lebendige Ausführung im Jetzt, im hellwachen Bewußtsein, in der äußeren Welt[65].

Haben Sie mit Techniken dieser Art noch keine Erfahrung, empfiehlt sich folgende einführende Übung: Legen Sie sich in einem leicht verdunkelten, ruhigen Raum bequem nieder. Schließen Sie die Augen, wollen Sie nichts, erwarten Sie nichts. Nach ca. zehn Minuten werden Sie sich unruhig fühlen, Körperteile beginnen zu zucken, die Lider flattern,.... Abstrakte optische Erscheinungen bis hin zu voll ausgebildeten Szenarien sind die Folge[66].

4.1.1. DIE TATTWAS – Der Ursprung der Tattwa-Vision

Der Ursprung der Tattwa-Vision liegt in den Yoga-Übungen des Trataka. Trataka umfasst wichtige Übungen im Hatha- und Raja-Yoga, um die Konzentration zu steigern. In der Gheranda-Samhita (I, 53,54) heißt es: »Ohne Blinzeln und Augenaufschlagen schaue auf einen kleinen Punkt, bis die Tränen fließen. Dadurch schwinden Augenkrankheiten, und das göttliche Sehvermögen wird erlangt.«

Man unterscheidet zwischen dem Fixieren eines äußeren Objekts (Bahir Tratak) mit offenen Augen und dem Fixieren eines inneren Objekts, im dritten Auge, mit geschlossenen Augen (Antar Tratak). Ziel mancher Tratak-Übungen ist es, eine klare Sicht der Elementarfarben zu bekommen, die die Farben von Erde, Feuer, Wasser, Luft und Äther darstellen. Die Entfernung zwischen den Flecken und den Augen wird immer mehr verringert, bis die Aufmerksamkeit schließlich an der Nasenwurzel fixiert ist.

Die alten buddhistischen Kasina-Übungen stellen eine andere Form des Tratak dar. Dabei wird die Aufmerksamkeit fixiert auf:

---

65 Vergl. Mentale Arbeit/Impulsmagie/Traumarbeit und Astral.

66 H. Leuner, Katathymes Bilderleben, Stuttgart 1971.

1. Erde – ein Häufchen Sand
2. Wasser – eine Schale voll Wasser
3. Luft – Empfindung des Luftzugs auf der Hautoberfläche
4. Feuer – Kerzenflamme
5. Scheibe in blauer Farbe
6. Scheibe in gelber Farbe
7. Scheibe in roter Farbe
8. Scheibe in weißer Farbe
9. Licht – durch ein Loch in den Raum fallend
10. Raum – der offene, aber unbegrenzte Himmelsraum[67]

Die Tattwas sind östliche Symbole der magischen Elemente. Durch ihre Einfachheit sprechen sie den Teil des Geistes an, welcher grundlegend, ursprünglich und sehr tief ist. Daher stellen Visionen, die durch die Arbeit mit den Tattwas erlangt werden, die elementaren Kräfte in sehr grundlegender Form dar.

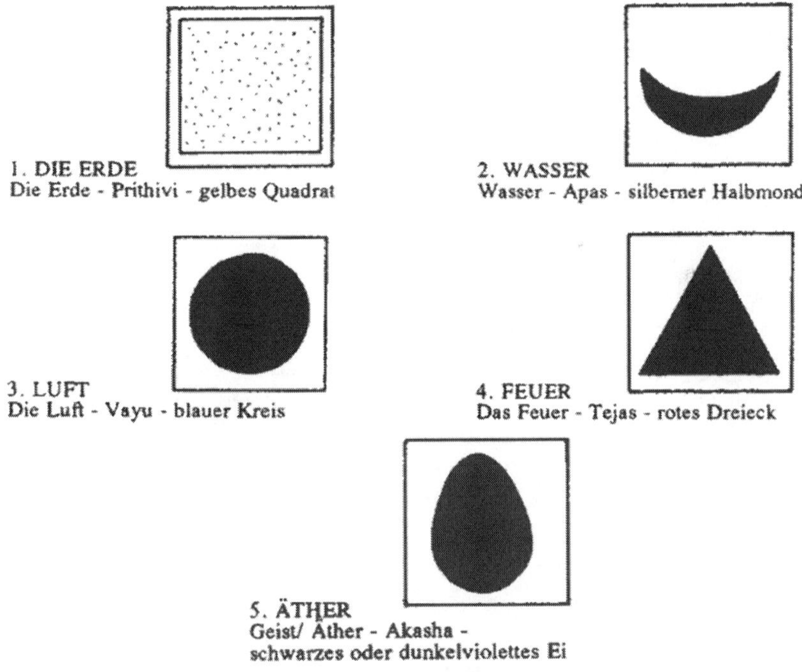

1. DIE ERDE
Die Erde - Prithivi - gelbes Quadrat

2. WASSER
Wasser - Apas - silberner Halbmond

3. LUFT
Die Luft - Vayu - blauer Kreis

4. FEUER
Das Feuer - Tejas - rotes Dreieck

5. ÄTHER
Geist/ Äther - Akasha -
schwarzes oder dunkelviolettes Ei

67 W. Karwath, Erlösung im Hier und Jetzt 1977.

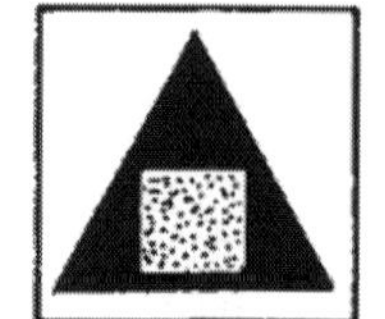

Zusätzlich zu diesen fünf Hauptsymbolen ist es auch möglich, diese in fünfundzwanzig Unterelemente zu unterteilen. Zum Beispiel wäre Prithivi von Tejas der Erdaspekt des Feuers.

Um mit den Tattwas zu arbeiten, benötigt man für jedes Element eine Tafel, auf die das Symbol gemalt ist. Fortgeschrittene imaginieren das Symbol.

Wollen Sie bei Ihrer Arbeit berücksichtigen, welches Tattwa gerade tätig ist, notieren Sie die Sonnenaufgangszeit[68]. Akasha beginnt immer mit Sonnenaufgang und dauert 24 Minuten lang. Darauf folgt Vayu, Tejas, Apas und Prithivi, jeweils 24 Minuten lang.
Beginnen Sie mit einer Bannung nach Wahl.
Platzieren Sie die Karte in Augenhöhe, vorzugsweise in der entsprechenden Himmelsrichtung (Erde – N, Wasser – W, Feuer – S, Luft – O).
Setzen Sie sich dem Symbol gegenüber und fixieren Sie es mit dem magischen Blick – ohne Anstrengung, jedoch ohne die Aufmerksamkeit abschweifen zu lassen.
Schließen Sie nun die Augen, sehen Sie das Tattwa-Symbol in der entsprechenden *Komplementärfarbe* (blau = orange, rot = grün, silber = grau, gelb = violett). Gehen Sie geistig immer näher an dieses Bild heran, bis es die Größe einer Türe erreicht hat.
Treten Sie nun durch diese Türe. Vielleicht müssen Sie auch springen oder sich mit Mühe durchzwängen. Wichtig ist nicht, wie, sondern dass Sie diese Türe passieren. Wenden Sie sich nicht um.
Haben Sie die Türe passiert, schauen Sie hinaus und sehen Sie, was jenseits ist. Sollten Sie die Erfahrung machen, sich nach dem Durchschreiten der Türe in totaler Finsternis wiederzufinden – keine Panik! Gehen Sie im Finstern drauflos, bis Sie irgendwo einen Lichtschein erkennen. Auf diesen gehen Sie zu. Sie werden sicherlich einen Ausgang finden.
Bereits nach weniger Übung wird es Ihnen möglich sein, sich weiter von der Türe zu entfernen und den elementaren/astralen Bereich jenseits der Türe zu erforschen.
Die wesentlichste Anleitung, die man zu diesen Reisen geben kann ist: Seien Sie achtsam und verhalten Sie sich so, wie Sie sich in einem fremden Land verhalten würden.

Mit etwas Übung wird es Ihnen auch möglich sein, mit Tieren, menschlichen Erscheinungen und anderen Wesenheiten dieser Ebene zu kommunizieren.

---

68 Siehe Tabelle unter Korrespondenzen.

Ich möchte an dieser Stelle keine langen Erfahrungsberichte bringen, da ich in der Praxis immer wieder feststellen musste, dass Anfänger durch Erzählungen sehr starke Erwartungshaltungen aufbauen, die es ihnen erschweren, die eigenen, ganz persönlichen Bilder zu erkennen. Versuchen Sie nicht, willentlich Bilder zu verändern. Natürlich, es kann schon verwirrend sein, wenn man, wie vor Jahren auf einem Seminar, ein Teilnehmer das Feuer-Tattwa bereist, sich jedoch dabei in der Mitte eines Autobahnkreuzes zur Stoßzeit wiederfindet. Dieses Erlebnis lässt sich jedoch genauso deuten, wie Erlebnisberichte im Fantasy-Stil. Auch eine Tattwa-Reise ins Feuerelement, bei der man sich knietief im Wasser stehend wiederfindet, lässt einige Schlüsse auf das innere Feuer zu.

Um die Echtheit von Bildern oder die Aufrichtigkeit von Wesenheiten zu prüfen, stellen Sie die elementalen Zeichen[69], oder visualisieren Sie das entsprechende Tattwa-Symbol über die erlebte Szene.

Wollen Sie zurückkehren, schlagen Sie den Weg ein, den Sie gekommen sind. Oftmals genügt der Wille zurückzukehren, um ein sogartiges Gefühl zu erzeugen. Die eben erlebten Bilder oder Landschaften flitzen wie im Zeitraffer vorbei, bis man sich mit dem Gefühl, eine dünne Membran durchstoßen zu haben, wieder vor dem Tattwa-Symbol sitzend wiederfindet. Ist dem nicht so, kehrt man den Weg bis zum Symbol zurück und tritt wiederum durch die Türe.

Schließen Sie diese Übung mit einer Bannung nach Wahl ab.

Wie bei allen magischen Operationen ist es wichtig, Aufzeichnungen zu führen.

4.1.2. SCHAMANISCHE REISEN

Schamanische Reisen funktionieren nach demselben Prinzip, nur daß als Tor z. B. eine Höhle, ein Ast- oder Erdloch für die Reisen zur Unterwelt und aufsteigender Rauch, lodernde Flammen oder ähnliches für den Zugang zur Oberwelt benutzt wird.

4.1.3. PFADARBEIT MIT TAROT – Karten und Symbolen

Eine der gebräuchlichsten Möglichkeiten der Anwendung der großen Arkana oder Tarot-Trümpfe ist die der Pfadarbeit. Die Technik ist äußerst einfach zu beschreiben, verlangt jedoch viel Übung und Ausdauer bei der Durchführung.

---

[69] Siehe „Korrespondenzen und Analogien“. – Die Element-Zeichen können psychologisch so gedeutet werden, dass dadurch das Unbewusste angeleitet wird, nur die Inhalte zu projizieren, die mit dem bestimmten Element verbunden sind.

Sie gehen gemäß den Anleitungen der Tattwa-Reise vor, wobei Sie nur anstatt des jeweiligen Tattwa-Symbols eine Karte benutzen.

Wie gesagt, das klingt sehr einfach. Es ist jedoch leicht einzusehen, daß, bevor man in der Lage ist eine einzige Karte auf diese Art und Weise zu visualisieren, man mit der betreffenden Karte sehr vertraut sein muß. Deshalb scheint es empfehlenswert, dieser Arbeit eine längere Zeit der Meditation und Kontemplation voranzustellen.

Wichtig ist auch hier auf demselben Weg zurückzukehren, auf dem man gekommen ist. Sollten Sie mit einem System, wie dem kabbalistischen Lebensbaum, arbeiten, können Sie auch alternative Wege »nach Hause« finden, indem Sie über andere Pfade nach Malkuth zurückkehren. Genau wie die Tarot-Karten oder die Tattwa-Symbole können auch I-Ging-Zeichen, Sigillen und Symbole als »Tor« verwendet werden.

4.1.4. ASTRALARBEIT UND PROJEKTION

Prinzipiell unterscheidet man drei grundlegende Formen der Projektion:

1) **Mentale Projektion:** Sie befasst sich hauptsächlich mit Handlungen des »Hellsehens« oder dem Gebrauch von symbolischen Türen als Hilfe zum Verständnis eines bestimmten Teils der sog. Astral-Ebene.
2) **Astrale Projektion:** Hier ist der Magier fähig, seinen Astral-Körper von seinem physikalischen Körper wegzubewegen.
3) **Ätherische Projektion:** Hier wird der physikalische Körper auf einen kataleptischen Zustand reduziert. (Die Körperfunktionen sind auf ein Minimum reduziert, die Atmung wird sehr flach oder hört streckenweise gänzlich auf.) Angeblich folgt ein Großteil der »Lebenssubstanz« dem Bewusstsein aus dem Körper.

Von diesen drei Arten der Projektion wird die zweite am häufigsten erwähnt.

Dazu eine Übung: Sitzen Sie gerade und entspannen Sie sich. Sind Sie es gewohnt zu meditieren, so nehmen Sie die dafür gewohnte Stellung ein. Visualisieren Sie das Vayu-Luft-Tattwa von ca. 10 cm Durchmesser direkt vor Ihrer Kehle. Richten Sie Ihre Aufmerksamkeit auf Ihr Genick, wobei Sie jedoch mit der Visualisation fortfahren. Anzeichen für das Bewegen des Astralkörpers aus dem physischen Körper sind:

- leichtes Schwindelgefühl
- ein Gefühl des Umkippens oder – ähnlich dem Durchtreten von Toren bei der Pfadarbeit – das Gefühl des plötzlichen Durchdringens einer feinen Membran.
- eine wellenförmige Vibration, die sich den Körper auf- und abbewegt.
- evtl. eine dumpfe Schmerzempfindung im Bereich des Halses.

Es ist äußerst wichtig, sich von diesen Empfindungen nicht ablenken zu lassen, da sich sonst Astral- und physischer Körper nicht voneinander lösen bzw. gleich wieder verbinden. Tritt die Projektion einmal auf, bleiben Sie zumindest anfänglich in der Nähe Ihres Köpers. Vielen Übenden ist es anfangs gar nicht möglich, sich weiter weg zu bewegen, da mit dem Erfahren des neuen Körpers, mit der gleichzeitigen Wahrnehmung des eigenen physischen Körpers von außen, Angst auftritt. Das hat meist zur Folge, dass man viel schneller in den Körper zurückgezogen wird, als einem lieb ist. Die Rückkehr zum Körper kann sofort erreicht werden, indem man analog zu den Geistreisen einfach denselben Weg zurückkehrt, den man gekommen ist, oder daran denkt und bedächtig versucht, sich zu bewegen[70].

... oder eine weitere Übung: Diese Technik benutzt die mentale Projektion als ein Vorspiel zur astralen Projektion.
Sitzen Sie bequem und aufrecht, und entspannen Sie sich. Führen Sie mental eine Bannung Ihrer Wahl durch.
Imaginieren Sie sich vor einem Abgrund sitzend. Auf der anderen Seite des Abgrundes visualisieren Sie ein Abbild Ihrer körperlichen Hülle.
Konzentrieren Sie sich auf Ihre Atmung. Sie ist ruhig und gleichmäßig.
Visualisieren Sie einen dünnen Faden, oder eine Silberschnur von Ihrem Körper zu dem auf der anderen Seite sitzenden Doppel[71].
Verlagern Sie mit jedem Atemzug Ihr Bewusstsein entlang der Silberschnur zu Ihrem Doppel.
An diesem Punkt sollte die mentale Projektion zur astralen werden[72].

Zum Schluss ein paar praktische Tipps:
Wenn Sie erfolgreich ausgetreten sind, schwelgen Sie nicht gleich in der neuen Sensation von Gewichtslosigkeit und Zeitlosigkeit. Gewöhnen Sie sich langsam an Ihren neuen Körper und erforschen Sie die Gesetze, die für ihn gelten.
Notieren Sie Ihre Erfahrungen im magischen Tagebuch.
Versuchen Sie, sich an bestimmte kleine Merkmale zu erinnern, um Ihre Erfahrungen anschließend überprüfen zu können.
Das ganze Geheimnis astraler Projektion ist Beharrlichkeit[73]!

---

70 In vielen klassischen Werken wird auf die dafür notwendige, so genannte Silberschnur hingewiesen. Ich halte die Arbeit damit für förderlich, aber keineswegs für unbedingt notwendig.

71 Vergl.: Das sprechende Schwert, Victor Sobek, Goldmann TB.

72 Siehe auch: „Impulsmagie, Traumarbeit und Astral".

73 Weiteres Material zur Astralprojektion finden Sie bei: Die hohe Schule der Magie, W. E. Butler, Freiburg 1976; The Live and Teaching of Naropa, H. V. Günther, Oxford University Press, New York 1975.

4.2. Impulsmagie

»Das Bewußtsein kann auf die Materie einwirken und sie transformieren. Diese letztendliche Umwandlung von Materie in Bewußtsein und vielleicht eines Tages sogar von Bewußtsein in Materie ist das Ziel des supramentalen Yoga, von dem wir später sprechen werden. Aber es gibt so viele Entwicklungsstufen der Bewußtseinskraft, angefangen beim Suchenden oder Adepten, bei dem gerade der innere Wunsch nach Erwachen entsteht, bis hin zum Yogin, und selbst unter den Yogins gibt es viele Stufen – genau hier beginnt die wahre Hirarchie.«

Satprem - Sri Aurobindo oder das Abenteuer des Bewusstseins

In der unwirtlichen und eisigen Bergwelt des Himalajas sollen Schüler des Hatha-Yoga, welche die Technik des Tummo praktizieren, in der Lage sein, ausreichend Körperwärme zu produzieren um auf Kleidung verzichten zu können. Die Praktizierenden imaginieren ein kleines Feuer an der Basis ihrer Wirbelsäule, das sie zuerst durch ihr Rückgrat aufsteigen lassen und dann über die Grenzen des Körpers auf das ganze Universum ausdehnen. Die Meister verlangen von ihren Schülern, in einer Winternacht nackt auf einem Berghang zu sitzen, um mit ihrer Körperwärme Tücher zu trocknen, die in Eiswasser getaucht wurden. Alexandra David-Neel berichtet auch von wetteifernden Tummo Novizen, die versuchten, in der Zeit zwischen Sonnenuntergang und Sonnenaufgang möglichst viele Tücher zu trocknen. Vollendete Yogins sollen sogar in der Lage sein, mehrere Zentimeter dicke Eisplatten zu schmelzen, indem sie sich einfach daraufsetzen.[74]

Gehen wir davon aus, dass wir die Welt erträumt haben. Der Tummo Adept sitzt unempfindlich gegenüber der Witterung und Kälte da. Tummo könnte allerdings nur ein schwacher Abklatsch der Kräfte sein, die dem menschlichen Bewusstsein zur Verfügung stehen.

Sowohl die tibetanisch-, als auch die hinduistisch-tantrische Mystik sagt viel über die Struktur der Materie aus, was auch der Weltsicht der Quantenphysiker entspricht. Energie und Materie sind austauschbar; Materie ist gleichbedeutend mit hochverdichteter Energie; E = mc2, lehrte uns Einstein. Diese Weltsicht wurde auch von den Tantrikern vertreten. Materie ist verdichtete Energie des Bewusstseins. »Durch die Energie des Bewusstseins erhält Brahma Masse; daraus wird Materie geboren, und aus der Materie Leben und Geist und die Welten.« steht in den Mundaka-Upanischaden. Tantra weist jedoch darauf hin, dass die Realität letztlich eine Illusion oder Maya ist. So gesehen

74 Magic and Mystery in Tibet, Alexandra David – Neel Penguin, Baltimore 1971.

können wir uns Materie nicht entweder als existent oder als nicht-existent vorstellen. Das Bewusstsein kann Materie erschaffen, es gibt so etwas wie Materie nicht.

Don Juan sagt Castaneda, dass das Tonal nicht alles erschaffe. Das Tonal ist lediglich Zeuge. Nach ihm ist es das Nagual, das erschafft. Es ist die Realität, die alle möglichen Realitäten umfasst. Unsere Kreativität ist demnach nur die Entscheidungsfähigkeit unseres Bewusstseins sich für ein Tonal zu entscheiden, das es wahrnehmen möchte[75].

4.2.1. MANTRA, MEDITATION UND GEDANKENSTILLE

Die Mantrameditation zählt zu den Dämpfungsmethoden.

Der äußere Rahmen: Sie benötigen zur Meditation einen ruhigen, störungsfreien Ort. Erst mit zunehmender Übung werden Sie Ihre Unabhängigkeit von äußeren Einflüssen entdecken und sowohl in der U-Bahn als auch auf einer Parkbank oder in Ihrem Tempel meditieren können. Für den Anfang empfiehlt es sich, einen verdunkelten Raum zu wählen, der nach Möglichkeit frei von Straßenlärm ist, und in dem Sie bei Ihrer Arbeit nicht gestört werden können. Wählen Sie als Meditationssitz einen geraden Stuhl ohne Armlehnen oder ein festes Bett, oder sitzen Sie, wenn es Ihnen möglich ist, auf dem Boden. Sitzen Sie mit aufrechter Wirbelsäule, die Hände (evtl. mit nach oben gekehrten Handflächen) auf den Oberschenkeln ruhend. Sie sollten sich nicht zum Geradesitzen zwingen, denn dann verspannen Sie sich höchstwahrscheinlich noch mehr. Nur wenn Ihnen Ihre sehr verkrümmte Haltung bewusst wird, richten Sie sich wieder, Sie werden damit bessere Ergebnisse erzielen. Sollten Sie anfangs große Schwierigkeiten haben, lehnen Sie sich an. Die fortschreitende Praxis fördert das natürliche Bedürfnis unseres Körpers nach ausgeglichener Entspannung, sodass nach und nach eine aufrechte und gerade Haltung bequemer erscheint.

Die Technik der Mantrameditation: Schließen Sie die Augen und entspannen Sie sich für eine Minute. Fühlen Sie das Blut durch Ihre Adern strömen. Hören Sie auf Ihren Atem, der ruhiger und ruhiger wird. Achten Sie auf Ihren Herzschlag und die zunehmende Entspannung des Körpers. Beginnen Sie, langsam und mühelos Ihr Mantra zu denken. Wiederholen Sie es immer wieder – leicht und mühelos. Das Denken des Mantras entspricht keiner deutlichen Aussprache, es ist nur eine zarte Idee. Das heißt, dass das Mantra nicht deutlich in seinen einzelnen Lauten gedacht werden soll sondern eher in verschleifender Zusammenziehung zu einem feinen Impuls.

---

75 Journey to Ixtlan, Carlos Castaneda, Simon und Schuster, New York 1972.

Gedanken und Störungen: Tauchen nun Gedanken auf, so spielt das keine Rolle. Schenken Sie ihnen einfach keine besondere Aufmerksamkeit. Erst wenn Sie bemerken, dass Sie einem Gedanken nachhängen, das heißt ihn weiterspinnen, gehen Sie ganz bewusst zum Mantra zurück. Ebenso verfährt man, wenn man husten oder niesen muss oder sich kratzen will. Ärgern Sie sich nicht über diese Störung. Denken Sie nicht: „Das sollte nicht sein“, sondern nehmen Sie sie nicht wertend wahr. Viele dieser körperlichen Symptome verschwinden dann augenblicklich. Und bevor ich die halbe Meditation mit dem Gedanken: „Der Fuß juckt mich gar nicht, der Fuß juckt mich gar nicht, der...“ verbringe, kratze ich mich besser, und kehre dann zum normalen Sitz und zum Mantra zurück.

In der Wiederholung erscheint das Mantra anfangs deutlicher, später immer vager, entfernter, verschwommener, bis es schließlich in der Stille verstummt. Verfahren Sie im Prinzip mit Veränderungen des Mantras so wie mit allen Störungen während der Meditation. Die Veränderung des Mantras ist ein natürlicher Vorgang. Manche Traditionen hüten ihre Mantren wie ein großes Mysterium. Sie behaupten, dass jeder Meditierende von seinem Lehrer ein speziell ausgewähltes Mantra erhält, obwohl die Auswahlkriterien sehr simpel sind. Trotzdem haben diese Menschen, denen es sicherlich in erster Linie um den Profit geht, Recht, denn jedes Mantra wird schon nach kurzem Gebrauch ein persönliches Mantra. Es verändert und verfeinert sich. Als ich ein Mantra, nach über zwei Jahren Gebrauch, zum ersten Mal laut aussprach, erkannte ich es kaum wieder. Es war eigentlich nicht identisch mit meinem Mantra, obwohl der Wortlaut nach wie vor unverändert geblieben war. Deshalb befürworte ich auch die Meinung, ein einmal ausgewähltes Mantra für die Dauer des Gebrauches nicht mehr laut auszusprechen, um es nicht wieder in seine gröbste Form zu bringen. Nach längerer Praxis wird man dann bereits zu Beginn der Meditation das Mantra nicht mehr Buchstabe für Buchstabe, sondern impulshaft wahrnehmen.

Mantra und Atem: Verschiedene Meditationstechniken schreiben Zeiten für das Einatmen, Anhalten und Ausatmen während der Rezitation des Mantras vor. In unserem Fall ist es lediglich wichtig, Atem wie Mantra geschehen zu lassen. Der Atem kommt und geht, wie er will. Manchmal spüren wir ihn in der Bauchgegend, manchmal in der Brust oder der Nase. Wir lassen alles geschehen. Wie bereits erwähnt, denken wir das Mantra in einer möglichst passiven Weise. Halb denken wir es, halb lauschen wir hin, manchmal zieht es vorbei, platzt wie eine Seifenblase, oder es schält sich aus unserem mentalen Nebel. Gleichzeitig wird es geschehen, dass sich der Atem genau wie das Mantra verfeinert, zeitweise sogar zum Stillstand kommt.

Übungszeiten: Als Zeiten für die Meditationen eignen sich am besten der frühe Morgen und der Abend. Sollten Sie mit Tattwas arbeiten, empfiehlt es sich, Stunden mit vorherrschender Ätherschwingung zu bevorzugen.

Sie sollten jedoch niemals mit vollem Magen meditieren, weil das dem Transzendieren, durch den erhöhten Energiebedarf zugunsten der Verdauung, abträglich ist.

Zwanzig Minuten sind eine durchschnittliche Meditationszeit, die für den Anfang keinesfalls überschritten werden sollte. Bereits mit einiger Übung wird es Ihnen möglich sein, die abgelaufene Zeitspanne einzuschätzen. Auch aus diesem Grund ist es ratsam, die gleiche Meditationszeit länger beizubehalten. Sie werden feststellen, dass sich Ihre innere Uhr sehr schnell dafür sensibilisiert. Ebenso bietet es sich besonders anfangs an, für die Meditation eine bestimmte, gleichbleibende Tageszeit festzusetzen.

Nach Ablauf der vorher festgelegten Zeitspanne hören Sie auf, das Mantra zu denken, verbleiben aber noch weitere ein bis zwei Minuten mit geschlossenen Augen in entspannter Haltung. Erst jetzt öffnen Sie langsam die Augen und stehen auf. »Langsam» deswegen, weil ein plötzliches Abbrechen der Meditation ähnliche Zustände wie das Aufschrecken aus dem Tiefschlaf zur Folge haben kann (Kopfschmerzen, Schwindelgefühl, Übelkeit).

Bei Beschwerden oder psychischer Unruhe empfiehlt es sich, die Übungszeit zu reduzieren und sich zum Ausgleich körperlich zu betätigen.

Zuerst wird dem Übenden das Erreichen des »Nicht-Denkens« oft nur vage bewusst. „Da war was!“ – habe ich hier vielfach von Seminarteilnehmern gehört. Dieses undefinierbare „Da war was!“ gilt es nun zu kultivieren, bewusst zu machen, um den Boden für die Aussaat zu bereiten. Wie überall in der Magie tragen Konsequenz und Stetigkeit wesentlich zum Erfolg bei.

Das Fahrzeug zur Gedankenstille: Die leidige Frage, ob alle Mantren Götternamen sind, wird oft bejaht und ebenso oft verneint. Eines ist sicher: sie können gebraucht werden, ohne Verehrungsgefühle oder -gedanken an irgendeinen Gott zu entwickeln. Sie fungieren dann im bewussten Verstehen als inhaltsloser Inhalt, der den Geist zu den stillen Ufern jenseits der Gedanken führt.

Bei der Auswahl eines Mantras sollten Sie sich ganz auf Ihr Gefühl verlassen. Experimentieren Sie getrost mit verschiedenen Mantren.

IAO, ABRAXAS, ZASAS ZASAS NASATANATA ZASAS, IO PAN...
(hellenisch, gnostisch)

YOD – HE – VAU – HE, ADONAI, EHIEIH, AGLA, AL, ELOHIM,... (hebräisch)
HAGALAZ, URUZ, NAUDHIZ, ELHAZ, ISA,... (Runentradition)

LAH ILLA LAHU, ALAM, ALAMAS, ALAR, ALAMAR, TA RA, TASAM, JAS, CHAM, CHAM ASAK,... (Sufitradition, islamisch)

OM, HRAM, HRIM, HRUM, OM MANI PADME HUM, LAM, HAM, RAM, SOHAM, OM NAMA SHIVAYA,... (indisch, tibetisch)

Die folgende Liste besteht aus Sanskrit-Mantren, die nach dem Alter des Übenden vergeben werden. Haben Sie ein Mantra ausgewählt und damit längere Zeit gearbeitet, können Sie es natürlich auch dann weiterverwenden, wenn Sie nach der Liste bereits zur nächsten Altersstufe gehören.

ING (Laufmantra[76])	4 - 10 Jahre
IM	bis 12 Jahre
INGA	bis 14 Jahre
IMMA	bis 16 Jahre
AING	bis 18 Jahre
AIM	bis 20 Jahre
AINGA	bis 22 Jahre
AIMA	bis 24 Jahre
SHIRING	bis 30 Jahre
SHIRIM	bis 35 Jahre
KIRING	bis 40 Jahre
KIRIM	bis 45 Jahre
HIRING	bis 50 Jahre
HIRIM	bis 55 Jahre
SHIAM	bis 60 Jahre
SHIAMA	ab 60 Jahren

An dieser Stelle sei nochmals darauf hingewiesen, dass Meditation mit einem Mantra nur eine von vielen Möglichkeiten darstellt, Gedankenstille zu erreichen und unabhängig von der eigentlichen Impulsgebung steht.

Atemtechnik: Suchen Sie wiederum einen ruhigen Ort auf, an dem Sie ungestört arbeiten können. Atmen Sie tief, ganz tief und ohne Anstrengung. Dann gehen Sie zur Zwerchfellatmung über, wobei Sie langsam einatmen, bis Leib und Brustraum gefüllt sind. Dann pressen Sie die Luft aus dem Bauch in die Brust und wieder zurück. Diesen Rhythmus behalten Sie dreimal bei und atmen dann erst aus. Bei fortschreitender Übung kann die Anzahl der Zyklen langsam gesteigert werden. Während dieser Atemzyklen bleibt Ihre Aufmerksamkeit streng auf den Atem gerichtet. Erst wenn Sie das Gefühl haben, dass

[76] Kinder tendieren oft dazu, monotone Bewegungen zu wiederholen, um dadurch in tranceartige Zustände zu gelangen. Sie sind deshalb meist relativ leicht davon zu begeistern, mit dem Laufmantra zu steigen oder durch die Wohnung zu laufen.

Ihre Trance tief genug ist, atmen Sie vollständig aus, und ab jetzt normal weiter. Nun kann mit der Impulssetzung begonnen werden.

Atem und Chemognosis: Die oben beschriebene Technik kann durch die Einnahme von Mormonentee (Ephedra Nevadensis) unterstützt werden. In China wird diese Pflanze seit über 5000 Jahren für medizinische Zwecke verwendet. Manche Arten von Ephedra wurden von vedischen und Zoroaster-Priestern zu einem Getränk verarbeitet, das speziell bei tantrischen Mondritualen getrunken wurde.

Mormonentee

Ephedra wird in einem Topf mit Wasser mindestens fünf Minuten bei geschlossenem Deckel gekocht. Je nach der Konzentration sind zwei bis fünf Tassen der Flüssigkeit einzunehmen. Ephedra beruhigt die Bronchien und fördert freies Atmen. Obwohl es Blutdruck und Kreislauf eher beschleunigt, erweist es sich für diese Technik als brauchbar, da die Aufmerksamkeit wie von selbst an der Atmung haftet.

Sonst wären natürlich eher narkotisierend wirkende Stoffe geeignet, um Ruhe zu erzielen. Inwiefern Wachheit dann noch aufrechterhalten werden kann, ist fraglich. Exzessiver Gebrauch von Ephedra (z. B. täglich, drei Wochen hindurch) kann sich negativ auf die Elastizität der Blutgefäße und Bronchien auswirken. Außerdem ist bei hohem Blutdruck, Herzkrankheiten und Diabetes vom Gebrauch abzuraten. Eine andere, einfachere Methode ist es, sich etwas Tigerbalsam unter die Nase zu reiben, um so die Aufmerksamkeit auf die Atmung zu lenken.

4.2.2. IMPULSE UND IMPULSPROGRAMME

Die Wortmethode: Wenn Sie einige Erfolge mit dem Herstellen von Gedankenruhe zu verzeichnen haben, können Sie beginnen, Impulse in die Stille zu setzen. Sobald Sie größtmögliche Ruhe erreicht haben, denken Sie ein Impulswort. Angenommen, Sie benützen Ihre Magis, um eine persönliche Qualität zu entwickeln wie z. B.: »STÄRKE«, so denken Sie nur dieses eine Wort STÄRKE, sonst nichts. Sollte Ihnen das jedoch zu wenig ausdrucksvoll erscheinen, können Sie es in STÄRKE EINES ELEFANTEN verwandeln. Denken Sie den Impuls leicht und mühelos, ähnlich wie zuvor das Mantra bei der Meditation. Versuchen Sie nicht, sich zu konzentrieren oder sich den Inhalt des Wortes vorzustellen. Denken Sie nur den Impuls und geben Sie sich wieder für ca. 15 Sekunden der Gedankenstille hin. So ähnlich, als würde ein Stück Stoff gefärbt, indem es immer abwechselnd in Farbe getaucht und in der Sonne gebleicht wird, bearbeiten wir mit dieser Technik unser unbewusstes durch bewusstes Tun und Vergessen. Lassen Sie sich keinesfalls irritieren, wenn das Wort scheinbar Buchstabe für Buchstabe an Ihnen vorbeizieht, Sie das unbestimmte Gefühl nicht loswerden können, dass es immer wieder in Ihrer Magengegend aufblitzt, oder das Wort fast heimlich hinter Ihnen vorbeizieht. Genau wie beim Gebrauch eines Mantras wird es auch hier einige Zeit dauern, bis sich der Impuls so verfeinert hat, dass er nur mehr als ein subtiler, kaum merklicher Anstoß die Gedankenstille unterbricht. Bei der Verwendung jedes neuen Impulses wird dieser Vorgang wieder zu beobachten sein. Aber auch hier gilt: konzentrieren Sie sich keinesfalls. Das Einzige, was Sie damit erreichen können, sind Kopfschmerzen. Lassen Sie es lieber geschehen, als ob Sie nur zufälliger Beobachter wären.

Sollten sich die Impulsintervalle individuell ändern, sich auf 20 Sekunden ausdehnen oder auf 10 Sekunden verkürzen, ist das der Sache keineswegs abträglich. Wichtig bleibt das Zurückkehren zur Gedankenstille zwischen zwei Impulsen. Haben Sie während der Praxis Assoziationen und Gedanken zu den Impulsworten, behandeln Sie diese genau wie andere Störungen. Kehren Sie zur Gedankenstille zurück, bevor Sie den nächsten Impuls setzen.

Impulse:

- zur Erlangung innerer Festigkeit ...BRONCHIEN
- zur Erlangung von Wissen über den Kosmos ...SONNE
- zur Erlangung von Wissen über die Ordnung der Sterne ...MOND
- zur Erlangung von Wissen über die Bewegung der Sterne ...POLARSTERN

mit dem Ziel:

- um sich unsichtbar zu machen ... Vorstellung der Beziehung zwischen Körper und Wahrnehmung (ca. 40 Sekunden), ... Aufheben dieser Vorstellung (ca. 40 Sekunden)

Bei der Ausübung dieser Technik werden oftmals Erfahrungen der Konzentration des Bewusstseins auf einen einzigen Punkt oder ein Gefühl des Umstülpens, das eine Befreiung von jeglicher körperlicher Begrenzungen mit sich bringt, beschrieben.

- Um Fliegen zu lernen ... BEZIEHUNG ZWISCHEN KÖRPER UND RAUMELEMENT (AKASHA) – Gedankenstille – LEICHTIGKEIT VON BAUMWOLLFASERN (WATTE)

Diese Technik ist gerade für uns Europäer empfehlenswert. Sie bringt wesentliche Vorteile gegenüber dem astralen Fliegen. Man kann mit Gepäck reisen!

Dieser Impuls, der sich in seinen ersten Auswirkungen in Körperbewegungen wie das Kreisen des Oberkörpers oder »Flattern« der untergeschlagenen Beine äußert, kommt durch die reale Vorstellung schwebender Leichtigkeit dem vorher geweckten Wusch entgegen, körperlich abzuheben. So stellt sich beinahe von selbst ein Gefühl großer Leichtigkeit ein, dem man nur noch körperlich nachzugeben braucht. Erfahrungen totaler Losgelöstheit und Unbeschwertheit bis zu riesiger Kraft und Stärke sind keine Seltenheit, wenngleich es sicher größerer Meisterschaft bedarf, um zu schweben oder zu fliegen.

Diesen Impuls üben Sie am besten nach ausgedehnter Meditation zusätzlich für etwa fünf bis zehn Minuten. Haben Sie das Bedürfnis sich zu bewegen oder abzuheben, scheuen Sie sich nicht, dem nachzugeben oder sogar körperlich nachzuhelfen. Wundern Sie sich auch nicht über für Sie unbekannte Gefühle und Regungen. Schreien, lachen oder weinen Sie. Nehmen Sie an was kommt, doch lassen sie sich nicht von Ihrem Vorhaben abbringen.
Gerade diese Technik ist besonders geeignet, den eigenen psychischen Zensor, der uns unentwegt versucht einzureden, dass all das ja nie funktionieren kann, zum Schweigen zu bringen. Abgesehen von den inneren Erfahrungen des Übenden kann hier auf relativ einfache Art und Weise eine grobstoffliche, von außen feststellbare Wirkung erzielt werden. Selbst bei Anfängern, die es gerade schaffen, vom Erdboden abzuheben, ist festzustellen, dass sich ihr Puls auch nach zehnminütiger Übung kaum steigert.
Leider bleibt hier nicht der Platz, um auf Erfahrungen Übender einzugehen, obwohl es sicherlich interessant wäre zu erfahren, was z. B. eine achtzigjährige Europäerin, mit der ich diese Technik praktizierte, zu berichten hat, wenn sie nach relativ kurzer Praxis mit Leichtigkeit vom Boden abhob.
Nach dieser Übung verweilen Sie mindestens fünf Minuten in entspannter Ruhelage bevor Sie sich wieder erheben.

Sigillen als Impulse: Experimentieren Sie mit Sigillen. Anstelle eines Wortes visualisieren Sie graphische Sigillen.

Worte der Kraft als Impulse: Worte der Kraft eignen sich vorzüglich, da durch die Herstellungsmethode bereits die Verknüpfung mit dem Unbewussten vorhanden ist. Bedenken Sie bei der Herstellung lediglich, dass im Gegensatz zu spasmisch verinnerlichten Worten der Kraft für sanfte Impulse eher fließende, weichklingende Wörter geeignet sind, die nicht vor Konsonanten strotzen.

Bilder als Impulse: Angenommen, Sie wollen wiederum eine persönliche Qualität wie INNERE FESTIGKEIT entwickeln, so können Sie sich der Bildmethode bedienen, die unserem natürlichen bildhaften Denken entgegenkommt.

Übernehmen Sie Bilder und Symbole nicht vorbehaltlos, sondern geben Sie sich analog zum Umgang mit den Sigillenmethoden und den »Worten der Kraft« Ihren eigenen Assoziationen und inneren Bildern hin.

In unserem Beispiel könnte ein Felsen, umgeben von peitschender Brandung ein gutes Bild für innere Festigkeit abgeben. Setzen Sie sich vor Beginn der Meditation nieder, schließen Sie die Augen und komponieren Sie Ihr Bild. Visualisieren Sie einen Felsen. Gelingt das, fahren Sie mit Wind und Wetter, Rauschen und tosender Brandung fort. Gelingt auch das, setzen Sie sich auf den Felsen, oder gleich inmitten des Felsens. Wachsen Sie fest, werden Sie zum Fels. Spüren Sie Ihre unverrückbare Festigkeit, fühlen Sie Wind und Wellen, hören Sie das Tosen der Brandung, riechen Sie die Seeluft. Erfahren Sie die Szenerie mit all Ihren Sinnen. Erst wenn sich das Bild mit all seinen Assoziationen in Ihr Bewusstsein eingeprägt hat, öffnen Sie die Augen und atmen tief durch.

Wenn Sie jetzt Gedankenstille herstellen, wird diesmal statt eines Wortes das gewählte Bild in die Ruhe eingepflanzt. Gerade als ob die stockdunkle Nacht durch einen Blitz für Sekundenbruchteile erhellt wird, erscheint das Bild vor, um, oder in Ihnen. Sollte Ihnen dieses plötzliche Erscheinen zu vehement vorkommen, versuchen Sie es mit einem Bild, das sich ca. alle 15 Sekunden aus Ihrem mentalen Nebel schält, um gleich darauf wieder zu verblassen.

Und wiederum gilt: Bei auftauchenden Assoziationen und Veränderungen des Bildes kehrt man zur Gedankenstille zurück, bevor man fortfährt, weitere Impulse zu setzen.

4.2.3. SEMIHYPNOSTIK – SCHWELLENGNOSIS

Semihypnostik oder Schwellengnosis ist keinesfalls mit Traumarbeit zu verwechseln. Es wird hier mit einem Zustand gearbeitet, der nicht stabil und damit sehr subjektiv und schwer zu fassen ist.

Die Zeit vor dem Einschlafen wird verschiedentlich genützt. Mancher überdenkt die Geschehnisse des Tages, mancher plant den nächsten. Ein anderer wiederum gibt sich seinen Phantasien hin. Es kommt jedoch der Moment, von dem an sich die Zustände der Einschlafenden annähern. Die Aktivität des Gehirns nimmt ab. Man lässt sich treiben und gleitet von einer Ebene zur anderen. Die meisten Menschen erleben diesen Zustand unbewusst. Ohne sich jedoch dieses Hinübergleiten bewusst zu machen, ist es möglich, sich diesen Zustand zunutze zu machen.

Legen Sie sich abends bequem im Bett hin. Nach meiner persönlichen Erfahrung eignet sich die Rückenlage mit links und rechts am Körper angelegten Armen (Königsstellung) am besten. Sollten Sie jedoch gewohnt sein, in dieser Stellung einzuschlafen, ist für Sie die Bauch- oder Seitenlage vorteilhafter. Liegt man nämlich bequem, jedoch in einer etwas ungewohnten Lage, erhöht sich die Chance, das Hinübergleiten vom Wachen zum Schlafen auszudehnen, was sich wiederum sehr positiv auf die Effektivität der Impulse auswirkt.

Entspannen Sie sich und warten Sie ab, bis sich die ersten großen Wellen von Gedanken gelegt haben. Lauschen Sie Ihrem Atem, spüren Sie, wie das Blut in den Adern pulsiert. Sobald Sie sich entspannt haben, Ihr Atem flacher ist und Sie eine wohlige Wärme durchflutet, beginnen Sie, etwa alle 15 Sekunden Impulse zu setzen. Mit fortschreitendem Gebrauch hauchen Sie sie nur vor sich hin und reisen so durch die Phase zwischen Wachen und Schlafen. Seien Sie nicht bekümmert, wenn Sie schnell die Kontrolle über diesen Vorgang verlieren und einschlafen. Nach und nach wird es Ihnen gelingen, sich mit dem letzten bewussten Impuls immer näher an den eigentlichen Moment des Einschlafens heranzutasten.

Abgesehen davon, dass sich der Halbschlaf als brauchbarer Boden für magisches Arbeiten erweist, kann die Beschäftigung mit Semihypnostik eine wesentliche Vorarbeit zur Traum- und Astralarbeit darstellen. Lassen Sie die Zeit des Einschlafens und des Schlafens langsam von einem völlig unbewussten zu bewusstem Erleben reifen.

Kontrolle über die Dauer des Schlafes: Lassen Sie sich morgens statt durch einen kreischenden, nervenzerfetzenden Weckton durch sanfte Impulse wecken. Setzen Sie dafür vor dem Einschlafen Impulse für den Willenssatz: *„Mein Wille sei, morgen um 7.00 Uhr zu erwachen.“*

Bereits nach kurzer Zeit werden Sie erfolgreich sein. Das setzt allerdings voraus, dass Sie am Vorabend nicht allzu spät und übermüdet und vor allem einigermaßen nüchtern zu Bett gegangen sind.

Anfänglich werden Sie vielleicht verschlafen oder schon vor dem gewählten Zeitpunkt erwachen und sich unruhig im Halbschlaf wälzen. Meist legt sich das bereits nach kurzer Zeit, und man erwacht exakt zum angegebenen Zeitpunkt. Eine Genauigkeit von +/- 5 Minuten sollte nicht schwer zu erreichen sein. Bei fortschreitenden Erfolgen können Sie die Übung ausbauen und den Willenssatz ausbauen. z. B. *„Mein Wille sei, morgen um 7.00 Uhr ausgeschlafen und voller Tatendrang zu erwachen!“*
Wollen Sie noch intensiver arbeiten, setzen Sie als Zeitpunkt des Erwachens nicht den Morgen, sondern mehrere, über die ganze Nacht verteilte Zeitpunkte an. Wählen Sie etwa 2 Uhr, 4 Uhr und Ihre gewohnte Weckzeit. Gerade bei sehr ungewohnten Weckzeiten wird es etwas länger dauern, bis Sie Erfolge verzeichnen können. Behalten Sie deshalb die gewählten Zeitpunkte für mehrere Wochen bei. Vielleicht werden Sie auch nicht ganz wach, sondern erreichen nur den von Ihnen ohnehin gewünschten Zustand des Halbschlafes. Richten Sie sich nicht auf und versuchen Sie nicht gänzlich, Ihr Wachbewusstsein zu erlangen, sondern lassen Sie sich treiben und setzen Sie wiederum Impulse.

Wahrscheinlich wird es nicht möglich sein, viele Impulse zu setzen, da Sie nur allzu schnell wieder in die dunklen und unbewussten Sphären des Schlafes tauchen. Auch hier verspricht konsequente Übung zunehmende Erfolgserlebnisse.

Eine weitere, nicht ganz einfache Technik bringt schnellen Erfolg: Ein oder mehrere ausgewählte Helfer haben die Aufgabe, den Praktizierenden sexuell zu erschöpfen. Wie sie das tun, bleibt ihnen überlassen. Verschiedene Drogen können dieses Vorhaben wirkungsvoll unterstützen. (Alkohol, MDA, Damiana, ...). Letztlich wird der Übende ermattet in die Kissen sinken und gerade noch einige Impulse vor dem Einschlafen setzen können. Ist er vollends eingeschlafen, sollte er sofort durch eindeutig sexuelle Stimulation geweckt werden. Sobald der Übende jedoch erwacht, muss die Stimulation sofort eingestellt werden, um die Zeit des neuerlichen zur Ruhekommens und des Einschlafens zur Impulssetzung zu nützen. Dieser Vorgang sollte möglichst lange fortgesetzt werden, bis weder Wachen noch Schlafen überhandnehmen, und der Geist des Praktizierenden im Zustand der Schwellengnosis, befreit durch die Erschöpfung des Körpers, trotzdem sicher vor dem unbewussten Schlaf bleibt.

Auch bei dieser Technik darf die Bedeutung des magischen Vergessens nicht außer Acht gelassen werden. Schlafen Sie während der Praxis endgültig ein und erwachen erst am nächsten Morgen, übernimmt der bewusstlose Schlaf selbst die Funktion des magischen Vergessens. Üben Sie jedoch die ganze Nacht hindurch, empfiehlt es sich, die Operation durch ein Schlussritual oder mindestens durch bannendes Lachen zu beenden.

4.2.4. TRAUMARBEIT UND ASTRAL

Bisher war eigentlich nur von Techniken die Rede, die die Dauer des Schlafes beeinflussen und steuern sollen oder auch Trauminhalte und Art der Träume festlegen. Alle erwähnten Techniken der semihypnotischen Impulsgebung werden im Halbschlaf praktiziert. Die eigentliche Traumphase blieb bisher unberührt.

Träume in ihren verschiedenen Erscheinungsformen sind für die meisten Menschen sehr unbewusste Vorgänge[77]. Eine Möglichkeit, diese Ebenen unseres Seins bewusst zu erleben, bietet die Impulsmagie. Fertigen Sie aus dem Willenssatz: *„ICH WILL HEUTE NACHT IM TRAUM BEWUSSTHEIT ERLANGEN!“* einen Impuls an und aktivieren Sie ihn nach einer der beschriebenen Methoden. Zusätzlich wäre eine sehr gute unterstützende Übung vor dem Einschlafen, die linke Hand zu betrachten und sich vorzunehmen, diese im Traum zu sehen. Diese Methode wird an mehreren Stellen in den Büchern Carlos Castaneda's und anderer Schamanen erwähnt.

Bereits Erfahrungen wie das plötzliche Erkennen: »Ich träum' ja!« sind bereits ausreichend, um die ersten Schritte zu wagen. Dabei ist es vorerst keineswegs anzustreben oder gar notwendig, Kontrolle über den eigenen Traumkörper zu erlangen. Versuchen Sie nicht gleich, Herr über Ihr Traumgeschehen zu werden, sondern lassen Sie sich von Ihrem Traumkörper herumtragen und betrachten Sie alles möglichst unbeteiligt. Auch jede Analyse des Erlebten wäre Ihrem Vorhaben nur abträglich. Ihre einzige Aufgabe besteht darin, alle fünfzehn Sekunden einen möglichst feinen Impuls zu setzen und sich weiter tragen zu lassen.

Perfektionierteren Träumern wird es später gelingen, ihre Träume aktiv zu beeinflussen. Nehmen Sie sich etwa wie in dem oben genannten Beispiel vor, im Traum Ihre linke Hand zu betrachten. Mit einiger Übung gelingt das sicher, obwohl der erste Erfolg oft so empfunden wird, als ob dem Träumer eine Hand gezeigt wird, die nur eben zufällig wie die eigene aussieht, aber schein-

---

77 Vergleiche „Impulsmagie“.

bar nichts mit dem eigenen Körper zu tun hat. Man empfindet sie einfach nicht zum Körper gehörig. Abgesehen davon scheint der ganze Körper möglicherweise nicht der eigene zu sein, sondern nur ein Fahrzeug durch die Traumwelten. Erst durch stete Übung verschmelzen Sie »drüben« mit Ihrem Traumkörper und fühlen dann die Hand als die Ihre. Scheinbar völlig sinnlose und banale Handlungen lassen sich durch Impulse herbeiführen und unterstützen, die sich in der Praxis sehr hilfreich erweisen, sich weiter vorzutasten.

Nehmen Sie sich nicht zu viel vor. Fahren Sie mit dem Versuch fort, sich vorsätzlich im Traum auf den Boden zu setzen, oder zwei Schritte vor und zurück zu gehen. Ich selbst habe es oft sehr anstrengend empfunden, meinem Körper zu befehlen aufzustehen oder sich in Bewegung zu setzen. Gelang es mir dem Körper zu befehlen, hieß das noch lange nicht, dass sich mein Traumkörper um meine Befehle kümmerte. Im Gegenteil, manchmal war er mehr als widerborstig und schien seinen Spaß daran zu haben, mit mir hinzugehen, wo er wollte. Oder er versteifte sich bockend darauf, an irgendeinem unmöglichen Platz zu verweilen. Bei zunehmender Verschmelzung mit dem Traumkörper verschwindet diese unbekannte Kraft, die ihn marionettengleich umherwandeln lässt. So werden weitschweifendere und eigenmächtigere Ausflüge möglich.

Auch wenn Sie noch nicht aus dem Traumgeschehen aussteigen oder Ihre Umgebung beeinflussen können, werden Sie bald die Möglichkeit haben, sich in der unmittelbaren Traumumgebung einen ruhigen Platz zu suchen, um ungestört eine der Techniken der Impulsgebung zu praktizieren. Einmal hier angelangt, ist der Weg zu Ihrem astralen Tempel nicht mehr weit.

4.2.5. IMPULSKETTEN

Verschiedenartige magische Operationen müssen immer sorgfältig voneinander abgegrenzt werden, um ungewünschte Verknüpfungen zu vermeiden. In der Ritualmagie wird meist nur eine Operation während eines Rituals durchgeführt. Sigillen werden durch Einrahmen der Symbole abgegrenzt. Auch Impulse sollten nicht wahllos verknüpft werden.

Ich habe zuvor die Impulse BRONCHIEN, SONNE, MOND und POLARSTERN genannt. Um die Abgrenzung zueinander zu gewährleisten, empfiehlt es sich in der Praxis, mit Impulszyklen zu arbeiten.

1. Zyklus	5-mal der Impuls BRONCHIEN
2. Zyklus	5-mal der Impuls SONNE
3. Zyklus	5-mal der Impuls MOND
4. Zyklus	5-mal der Impuls POLARSTERN

Erst nachdem alle Zyklen durchlaufen worden sind, beginnt man von vorne. Es empfiehlt sich ebenfalls, maximal sieben Impulse bzw. Zyklen zu einer Impulskette zu verknüpfen.

4.2.6. DIE TECHNIK DES MEISTERS

Stellen Sie Gedankenstille her und richten Sie Ihre Aufmerksamkeit nach und nach, in der angegebenen Reihenfolge (je 4 x, in Abständen von 10-15 Sekunden) auf die folgenden Bereiche. Es ist nicht notwendig, die einzelnen Bereiche in Worten zu denken. Für wenige Sekunden lässt man die Aufmerksamkeit auf einer Stelle ruhen, kehrt dann zur Gedankenstille zurück und gleitet weiter zur nächsten. Der Körper nimmt ein feines Strömen wahr. Der Teil des Körpers, auf dem die Aufmerksamkeit ruht, erwärmt sich etwas. Kommen Gedanken, geht man ruhig zu der Stelle zurück, bei der man meint, aufgehört zu haben.

Nach dem Setzen des letzten Impulses lenkt man die Aufmerksamkeit nur noch auf den Körper und fühlt ihn für ca. 1-2 Minuten. Danach öffnet man die Augen. Haben Sie diese Technik richtig durchgeführt, müssten Sie zunehmend mehr innere Größe und Stärke verspüren. Sollten während der Praxis Schmerzen an Stellen großer Verspannung, schlecht verheilter Brüche, Operationsnarben o. ä. auftreten, lassen Sie sich nicht beirren. Mit dieser Technik dringt man in sehr tiefe, unbewusste Bereiche ein und rüttelt damit unter Umständen sowohl körperlich als auch geistig Verschüttetes wach. Nehmen Sie es hin (Nicht Verhaftetsein – nicht Desinteresse) und fahren Sie mit der Technik fort.

Die Impulse:

MUND
NASENFLÜGEL
AUGEN
OHREN
STIRN
KOPF
HALS
BRUST
BAUCH
GESCHLECHTSORGANE
DIE BEIDEN KÖRPERSEITEN
UNTERER RÜCKEN
OBERER RÜCKEN
GENICK
SCHULTERN
OBERARME
UNTERARME
HANDFLÄCHEN
FINGER[78]
OBERSCHENKEL
KNIE
UNTERSCHENKEL
KNÖCHEL
FUSSSOHLEN

DER ORT – an dem man sich befindet
DAS LAND – in dem man sich befindet
EUROPA
AMERIKA
AFRIKA
ASIEN
AUSTRALIEN
DIE GANZE ERDE
DIE ERDE KREIST UM DIE SONNE
GALAXIEN
DAS GANZE UNIVERSUM

Zurückkehren zum Körper.

---

78 Wenn man sitzt, liegen die Hände ohnehin meist auf den Oberschenkeln, so dass ein reibungsloser Übergang möglich ist.

5. HOHE MAGIE

Für die sogenannte »Hohe Magie« können keine Anleitungen gegeben werden. Der Magier muss sich auf die in seinen Arbeiten erworbene Impulskraft verlassen, die ihn führt, indem er seine eigenen Tricks und Techniken der leeren Hand für die spontane Befreiung der chaotischen Schöpferkraft im Inneren entwickelt. So erlangt er den Zustand, in dem kein Hindernis mehr für die direkte magische Wirkung des Willens existiert...

6. SCHLUSSWORT

Vieles wurde auf diesen Seiten angerissen. Mit Absicht ist das Meiste unvollständig, ungeschliffen. Ich will kein Dogma vermitteln, sondern Anregungen geben.

Die Wege der Magie sind so verschieden wie die Menschen, die sie praktizieren. Die Praxis ist der einzige Lehrmeister, auf den wir uns verlassen können. Wie auch für mich ist es für viele wichtig, über ihre Arbeit und ihr persönliches Fortkommen zu reflektieren. Dafür ist die Arbeit mit einer Gruppe »Gleichgesinnter« äußerst förderlich. Der persönliche Zensor wird dadurch in Schranken gehalten, durch Kritik an der eigenen Arbeit wird man immer wieder auf den Boden der Realität zurückgebracht, und nicht zuletzt spornt einen die gemeinsame Arbeit und die Kraft der Gruppe immer wieder zu neuen Höhenflügen an.

Darum biete ich wirklich Interessierten an mit mir, oder dem IOT[79] Kontakt aufzunehmen.

»Tue was Du willst sei das ganze Gesetz.
In Verfolgung des großen Werks der Magie«

Fra. .717.[80]

79 http://www.iot-d.de/

80 Verlags-Info: Hier endete die ursprüngliche Ausgabe. Alle weiteren Texte sind Zusätze.

7. INTERVIEW MIT FRATER .717.

Niederschrift eines Gesprächs mit Fra. .717. (2002)
(Ein Teil dieses Interviews wurde in der Zeitschrift Golem[81] veröffentlicht.)

F: Vorerst die Frage, die mich im Kontext mit Deinem Buch am meisten interessiert: Warum diese Neuauflage und Erweiterung?

A: Das Handbuch der Chaosmagie entstand aus meiner persönlichen praktischen Arbeit. Ursprünglich habe ich nie daran gedacht ein Buch zu veröffentlichen. Erst als ich bemerkte, dass ich immer öfter Rituale und Anleitungen für Freunde und magische Bekannte niederschrieb und kopierte, kam mir die Idee des Buches. Die ersten Zeilen dieses Buches habe ich im Jahr 1986 niedergeschrieben. Immerhin ist das jetzt bereits 17 Jahre her.

Im Laufe dieser Zeit hat sich eine Menge neues Material angesammelt.

F: Warum dann kein zweites Handbuch der Chaosmagie?

A: Das wollte ich ursprünglich. Dann habe ich jedoch erkannt, dass sich zwar manche meiner Ansichten und Einstellungen und zum Teil auch mein Zugang zur Magie geändert haben, dass aber im Großen und Ganzen ein Buch dabei herauskäme, dass mit anderen Worten und weiteren Ritualbeispielen dieselbe Botschaft vermitteln würde. Das wäre doch langweilig. Ich bin nicht daran interessiert jedes Ritual und jede Variation meiner per-

---

81 http://www.golem-net.de – Anmerkung des Verlages: Die Zeitschrift wurde 2006 eingestellt.

sönlichen Arbeit zu veröffentlichen. Mir geht es nach wie vor darum zu zeigen, was man unter Chaosmagie verstehen kann und dass jeder seinen eigenen Zugang dazu finden kann.
Deshalb kam ich letztendlich zum Schluss nur ein paar Seiten anzufügen.

F: Was ist dann mit dem ganzen Material das Du gesammelt hast?

A: Es verbleibt mal in meinem privaten und im internen IOT-Archiv. Vielleicht veröffentliche ich ja auch noch mehr davon. Wenn, dann aber sicher kein zweites Handbuch, sondern ein Buch zu einem Spezialthema.

F: Du hast vorher von einem veränderten Zugang zur Magie gesprochen. Was hat sich denn verändert?

A: Magie ist nach wie vor dieselbe. Ritualkonzepte haben sich verändert. Lass mich ein Beispiel bringen. Vor 15 Jahren haben wir viele Rituale durchgeführt, die lediglich eine Art chaosmagische Betrachtung von ganz klassischen Ritualen war. Ich erinnere mich an Situationen wie:
Einer in der Mitte, hyperventilierend, invozierend,... faszinierte Magier und Magierinnen, und solche die's noch werden wollten im Kreis. Eine Person in der Mitte führte das Ritual durch, die Teilnehmer im Kreis durften bestenfalls ein Mantra summen, oder bewegte Dekoration darstellen. Das stimmt nicht in allen Fällen, aber viele der Rituale die wir durchführten, erdachten und adaptierten waren sehr stark an die klassische Rolle des Priesters/Priesterin in der Mitte – der die ganze Arbeit macht – gebunden. Pete Carrolls Rituale fielen schon vor vielen Jahren etwas aus dem Rahmen. Allerdings gab es damals auch noch nicht sehr viele Teilnehmer, die fähig waren wesentlich mehr zu tun, als eben nur im Kreis zu stehen und zu versuchen sich auf das Geschehen zu konzentrieren.
Versteh' mich nicht falsch! Nicht dass klassische Rituale, oder Ableitungen von selbigen uninteressant wären. Ich spreche nur davon, dass eine starke Tendenz zu einer neuen Art von Ritualen zu bemerken ist, und dass sich auch meine Rituale zusehends verändern.

F: Verstehe, aber wie sehen denn Deine und Eure Rituale heute aus?

A: Ich denke es gibt zwei Unterscheidungsmerkmale.

1. Heute lernen bereits junge Novizen im Pakt wie wichtig eine „runde“ Ritualkonzeption ist. Unter rund verstehe ich eine Konzeption, die wirklich alle Teilnehmer beschäftigt hält. Stehen zum Beispiel Teilnehmer längere Zeit im Kreis und haben nichts zu tun, ist die Chance relativ groß, dass der geistige Zensor plötzlich zu zweifeln beginnt, oder Alltagsgedanken die Konzentration stören. Mehr aktive Beteiligung erfordert natürlich mehr Wissen und persönlichen Einsatz

der Teilnehmer. Die Anforderungen an den Einzelnen sind eindeutig gestiegen.

2. Jahrelang waren wir bemüht „klassische" Rituale für uns zu adaptieren und vor allem zu vereinfachen. So haben wir uns darum bemüht allen unnötigen Zierrat abzuwerfen. Das führte uns oftmals zu sehr kurzen, einfachen und doch effizienten Ritualen.

Auf der anderen Seite gab es aber eine sehr interessante Gegenentwicklung. Aus simplen Ideen entstanden plötzlich komplexere. Jemand stellte ein Ritual, oder eine Ritualidee bei einem Treffen vor, ein anderer nahm diese Idee mit und entwickelte sie weiter. So wurden aus einfachen Ideen Rituale, mit denen in verschiedenen Ländern und Gruppen auf unterschiedlichste Weise gearbeitet und experimentiert wurde.
Ich denke dabei an die großartigen Chaotron-Arbeiten[82], oder an die Starfish-Arbeiten[83], die wirklich über Jahre hinweg von den verschiedensten Leuten bearbeitet und weiterentwickelt wurden.
Manchmal entstanden auch sehr komplexe Systeme, wie zum Beispiel Fra. K's „Italienische Küche – und die Kunst Pizza zu backen". Diese Rituale und Ritualreihen erscheinen für den Leser sicherlich zuerst genauso schwer durchführbar wie irgendein altes Ritual von Crowley. Als Arbeit in Tempeln und bei mehreren größeren Treffen sind diese Rituale allerdings genial. Man baut Stück für Stück auf und wächst in ein System, das viel eher unserer heutigen Symbolwelt und unseren heutigen, ganz persönlichen Vorstellungen entspricht, hinein.

F: Ich sehe da aber keinen Unterschied zur klassischen Situation. Wenn ich Franz Bardon, Crowley, oder Douval-Rituale durchführen möchte, muss ich auch mehr oder weniger das ganze System erlernen, um zu begreifen worum es tatsächlich geht?

A: Ja, das stimmt. Ich habe ja auch von einer gegenläufigen Entwicklung gesprochen. Heute existiert beides im Pakt. Auf der einen Seite sehr kurze, einfache und eigenständige Rituale und auf der anderen Seite komplexe Systeme und durchstrukturierte, aufeinander aufbauende Arbeiten. Diese verschiedenen Ritualreihen sind jedoch genauso eigenständig wie alle anderen im Pakt vorgestellten Arbeiten... ...und sie sind genauso wahr, oder unwahr – wie alle anderen.
Ich find' das toll!

---

[82] Die Chaotron-Arbeiten gehören zu den energetisch stärksten Arbeiten, die ich kenne. Sie werden wahrscheinlich zusammen mit anderen „Paktarbeiten" demnächst vom IOT veröffentlicht.

[83] Die Starfish-Arbeiten entstanden aus der Beschäftigung mit dem Cthulhu Mythos und den alten Göttern. Sie werden hoffentlich ebenso im Buch über „Paktarbeiten" veröffentlicht werden.

F: Wie sieht's mit den Techniken der Kampfmagie aus? Praktizierst Du Riten wie den Tempelwächter, oder das Netz der Spinne?

A: Im Laufe der Jahre habe ich gelernt, dass es bessere Möglichkeiten für mich gibt mich zu schützen oder zu wehren. Nicht dass diese Techniken nicht mehr effektiv wären, aber ich spreche davon, dass mit Feuer zurückzuschlagen meist sehr viel Energie kostet. Einen Schutzwall um sich aufzubauen und aufrecht zu erhalten ist mit viel Aufmerksamkeit und Konzentration verbunden. Hat man's dann endlich geschafft, findet man sich aber in gewisser Weise vom eigenen Schutzwall eingeschlossen wieder … blöde Sache das! Da ist es doch viel interessanter vielleicht Mal mit Wasser- oder Lufttechniken zu reagieren. Du machst damit jeden Angriff zäher, langsamer, unwirksam, oder du wirst durchlässig und bleibst unbeschadet von negativen Einflüssen. Schutz durch Spiegelmagie halte ich auch für eine grandiose Sache, doch ist die Frage ob es wirklich notwendig ist dafür gleich die schlimmsten Dämonen anzurufen. Es ist sicher wichtig sich mit seinen eigenen Dämonen zu befassen, (lacht) aber es müssen ja nicht immer die Dämonen der anderen sein.

Damals, als ich das Buch geschrieben habe, war's anscheinend sehr wichtig, bzw. ein sehr kraftvoller Zugang für mich. Es gibt aber noch viel mehr Möglichkeiten. Die effizienteste ist sicher die, zu erkennen, dass ich nicht in jede mögliche Konfliktsituation laufen muss um ein großer Magier zu sein.

Befinde ich mich tatsächlich in einer Konfliktsituation, ist es wesentlich unberechenbar zu bleiben und immer mehr als eine Strategie zu kennen und zu beherrschen.

Der Meister des Schwertes weiß wann er es wegwirft, um zu siegen.

F: Du hast zuvor von einem Buch über ein Spezialthema gesprochen. Was könnte das sein? Es interessiert mich auch, wie Du Dich und Deine Arbeit heute selbst definierst.

A: Uh,… Das waren jetzt mindestens 2½ Fragen.

Wie ich mich selbst definiere? Nach wie vor als Suchender, Forscher oder Adept.

Psychonaut gefällt mir auch sehr gut…

Zu meiner Arbeit: Nun, seit längerer Zeit beschäftige ich mich intensiv mit Astralarbeit und Experimenten zu Zeit und Raum. Ob das aber jemals ein Buch wird weiß ich nicht. Ein weiteres persönliches Schwerpunktthema ist Voodoo.

F: Voodoo? Lässt sich das mit Chaosmagie vereinbaren?

A: Klar doch. Ich sehe viele Aspekte der Chaosmagie im Voodoo. Natürlich darf man nicht all die vielen verschiedenen Richtungen in einen Topf werfen. Manche sind stärker durch Religion bestimmt, manche weniger. Jede Richtung ist für sich sehr strikt, ja oft sogar extrem dogmatisch, was wohl kaum mit Chaosmagie zu tun hat. Wenn man jedoch genauer hinsieht, erkennt man schnell wie viele verschiedene Richtungen und Traditionen beteiligt sind, bzw. in diese Systeme integriert wurden. Auch der natürliche Zugang zu den verschiedenen „heiligen Ritualgegenständen und richtigen Korrespondenzen". Zum Beispiel Reinigungsriten. In der klassischen Literatur findest du hier Vorgaben über die RICHTIGEN Mittel, zumeist Wasser oder auch Salz. Im Voodoo habe ich Reinigungsriten kennen gelernt, die mit Palmöl eingeriebenen Eiern durchgeführt wurden. Unlängst durfte ich an einer Yoruba Zeremonie teilnehmen. Wir mussten uns mit Salat reinigen. Ja warum denn nicht mit Eiern oder Salat?
Ein anderes Beispiel sind Heiligenfiguren[84]. Die dürfen hier ruhig auch mal aus Plastik sein und sie fügen sich neben Knochen, Muscheln und alten Ritualgegenständen, die bereits seit Generationen weitergegeben werden perfekt in das Gesamtbild ein.

Ich habe durch die Beschäftigung mit Voodoo auch ganz andere Dinge gelernt.
In der Magie, die ich davor kannte, war es immer existenziell wichtig zwar möglichst tief in Trance zu sein, aber letztendlich immer die Kontrolle zu bewahren. Im Voodoo funktioniert das nicht, oder nur teilweise. Dort gibt es zumeist ein Eröffnungsritual, in dem Exu – Papa Legba die Tore für alle anderen Loas öffnet. Ohne den läuft da einfach nichts!
Sind die Tore geöffnet, werden verschiedene Loas eingeladen zu kommen. Wenn dann ein Loa kommt, erscheint er nicht im klassischen Dreieck und wird auch nicht „kontrolliert" invoziert. Der Loa reitet dich. Du musst es geschehen lassen. Es handelt sich also mehr um eine Besessenheit ohne wirkliche Kontrolle. Undenkbar in der klassischen Magie, kaum praktiziert in der Chaosmagie. Ich kenne das vom Clanwesen, aber das ist ja auch keine magische oder chaosmagische Erfindung, sondern kommt aus dem indianischen Schamanismus.
Die Voodoo-Loas werden jedenfalls eingeladen wie willkommene Gäste. Sie bekommen Speis und Trank, Alkohol, Tabak, Kräuter, Blumen, Musik,... Dann werden sie gebeten Wünsche zu erfüllen.

---

84 Verschiedene Heilige der Christen wurden im Laufe der Geschichte in manche Kulturen/Religionen des Voodoo integriert. Sie entsprechen den verschiedenen Loas.

Gut, das ist jetzt extrem vereinfacht ausgedrückt, zeigt aber den prinzipiellen Zugang.
Mir selbst hat das anfangs großes Unbehagen bereitet, wo ich doch so darauf bedacht war die berühmte Kontrolle nie zu verlieren.
Ich musste aufs Neue lernen loszulassen. Das hat mir allerdings ein paar meiner stärksten magischen Erfahrungen beschert und mich dazu ermuntert auf diesem Gebiet weiter zu forschen.

F: Gibt es denn auch praktizierende Voodoo-Gruppen im deutschsprachigen Raum?

A: Sicherlich! Ich durfte erst vor wenigen Wochen eine Maman kennen lernen, eine große und kraftvolle Frau, die in Wien wohnt und praktiziert. Ich bin sicher es gibt noch einige andere, doch die meisten arbeiten wahrscheinlich eher versteckt. Voodoo ist ja, wie auch Chaosmagie, noch lange nicht gesellschaftsfähig bei uns.
Umso mehr freue ich mich über ein neues Projekt. Ich arbeite mit „Voodoo-Freunden" aus Benin an einem Portal im Internet[85]. Sie wollen erstmals verschiedenste Informationen über Ritual und Religion der Öffentlichkeit preisgeben.

In und um den Pakt hat sich eine Gruppe gefunden, die sich bereits seit Jahren mehr oder weniger autodidakt und mit einem sehr chaosmagischen Zugang mit Voodoo befasst. Wir haben es Alpenvoodoo[86] genannt, um unseren speziellen Zugang zu verdeutlichen.

F: Wie stellt sich Deiner Meinung nach ganz allgemein die Situation von MagierInnen oder magischen Orden im deutschsprachigen Raum dar? Gibt es gravierende Unterschiede zu den englischsprachigen Ländern?

A: Die Unterschiede sind so groß, wie die Menschen selbst. Abgesehen davon sehe ich kaum Unterschiede. Logen, Zirkel und Zusammenschlüsse haben nicht mehr nur damit zu tun ihre Magie zu finden und zu erforschen, sondern auch noch damit zu kämpfen ihre Muster und Strukturen laufend zu überdenken. Alle in der modernen Welt müssen ihre Magie mit der rasenden Entwicklung von Technik und Wissenschaft neu abstimmen und positionieren.
(lacht)... oder dann, wenn sie plötzlich mit anderen Paradigmen – wie zum Beispiel dem voodooistischen – konfrontiert werden.

---

85 Zu finden unter: www.vodoo-benin.info

86 Mehr Infos unter: http://www.717.info/alpenvoodoo

Wir dürfen bei der Bewertung der Situation nicht vergessen, dass es in den letzten Jahren, wie es sehr typisch für die Zeit vor der Jahrtausendwende ist, einen „großen“ Aufschwung der Magie im Allgemeinen gab. Kino- und Fernsehfilme, ja sogar Endlosserien wurden zu magischen und mystischen Themen gedreht. Rollen- und Fantasyspiele mit magischem Hintergrund tauchten in Massen auf. Harry Potter und der Herr der Ringe ziehen uns in ihren Bann. Sachbücher und Romane zu einschlägigen Themen wurden veröffentlicht. Der Zulauf zu magischen Gruppierungen stieg an, viele wurden neu gegründet, oder zu neuem Leben erweckt. Dabei wurden sicherlich eine Menge Menschen angelockt, die den magischen Weg zwar interessant finden, sich aber nie wirklich dafür entschieden haben. Das sind die Wankelmütigen, die Wochenend- und Freizeitmagier, die, die zwei Mal pro Jahr ein magisches Event besuchen, oder zum Beispiel die, deren einziges Ziel es geblieben ist, für möglichst viel erotische Ausstrahlung zu zaubern. Die mag es immer geben, aber ich bin überzeugt davon, dass viele dieser Menschen aus den magischen Vereinigungen wieder ausscheiden werden und dass die Nachfrage nach Magie prinzipiell wieder abnehmen wird. Diejenigen, die sich dazu berufen fühlen werden leichter den Weg zu Gleichgesinnten finden. Das ist der große Fortschritt. Wie viele daran beteiligt sind ist zweitrangig.

F: Im ersten Teil Deines Handbuchs gibt es einen Abriss über die Strömungen die den IOT beeinflusst haben, aber vielleicht kannst Du ein paar Worte zum Ursprung und zur Geschichte des Ordens international und national sagen?

A: Bereits Ende der siebziger Jahre gab es in England einige lose formierte Gruppen um Pete Carroll, die sich mit Chaosmagie beschäftigten, doch erst 1986 nahm der Gedanke des IOTs als magischer Un-Orden, als Gruppierung mit einer Minimalstruktur, tatsächlich Formen an. In einem alten Schloss in Niederösterreich wurde IOT dann auch formal gegründet.

Wenn wir die Geschichte betrachten, so stellen wir fest, dass alle magischen und mystischen Organisationen Hierarchie dazu benutzten, um Kompetenzdruck auf alle auszuüben, die innerhalb der Gesamthierarchie arbeiteten. Und doch beruhte die Meisterschaft innerhalb dieser Organisationen häufig eher auf fragwürdigen Behauptungen der Autorisation durch verborgene Quellen als auf realen technischen Leistungen. Die meisten Organisationen ließen nur positives Feedback von unten zu. Das führt dazu, dass die Leute an der Spitze dazu verdammt sind, sich in trügerischen Widerspiegelungen ihrer eigenen Erwartungen zu sonnen, um daraufhin noch ungeeignetere Direktiven zu erlassen.

Die Struktur des Pakts löst diese traditionellen Probleme. Innerhalb der Tempel des Pakts werden alle Mitglieder dazu ermuntert, Techniken und Konzepte für Experimente und Bewertungskriterien einzubringen, während die Gradstruktur lediglich magietechnische Kompetenz und organisatorische Verantwortung anerkennt.
So war's gedacht und vereinbart. Ein Haufen völlig unterschiedlicher Individualisten aus verschiedenen Ländern begann nun gemeinsam am großen Werk zu arbeiten. Der Pakt war geboren. Es überstieg einige Zeit wirklich alle unsere Erwartungen. Sowohl die magischen Fortschritte und Erfolge, als auch das konstruktive Miteinander waren überwältigend. Vielleicht wurden wir gerade deshalb unvorsichtig. Der Pakt wuchs, Zuständigkeitsbereiche für Organisatoren und Gradhöhere weiteten sich schnell aus. Bald mussten wir feststellen, dass auch wir nicht vor Machtspielchen und Intrigen einzelner Mitglieder gefeit waren. Plötzlich steckte der IOT mitten in der Pubertätskrise. Hier wurde viel Energie für unnütze und eben sehr pubertäre Dinge verschwendet, ich schließe mich dabei gar nicht aus. Aus dieser Zeit stammen auch die meisten Gerüchte und Geschichten über Streit, Ausschluss und magische Kriege.
Glücklicherweise lösten sich die Probleme dann relativ schnell. Österreich erklärte sich für unabhängig und gleichzeitig ebenso alle Tempel innerhalb des Landes. Kurz darauf schlossen sich viele andere an und führten weitere Reformen durch. Diejenigen, die weiterhin versuchten sich „an ihre Macht zu klammern“ blieben auf der Strecke. So hat sich der Pakt damals gesundgeschrumpft.
Von nun an ging's jedoch bergauf, wobei wir uns noch strenger an die Devise: Qualität statt Quantität hielten. Die letzten Jahre haben bewiesen, dass diese Minimalstruktur für uns brauchbar ist und effizientes Arbeiten ermöglicht.
Heute haben wir Mitglieder in Österreich, Deutschland, Schweiz, Frankreich, Dänemark, Schweden, England, Italien, Rumänien, Bulgarien, USA, Brasilien, Malaysien, Australien, Japan,...
Die Mitglieder arbeiten großteils in kleinen und größeren Tempeln und Arbeitsgruppen. Sie kommunizieren und tauschen Ideen und Erfahrungen via verschiedener Newsletter, einer internen Newsgroups und E-Mail aus. Während des Jahres finden Treffen von Mitgliedern verschiedener Tempel statt und in vielen Ländern werden ein bis zwei Mal pro Jahr mehrtägige nationale Treffen abgehalten.
Die Krönung des Jahres ist aber immer noch das große jährliche AGM (Annual Grand Meeting) Pakttreffen im Sommer, das jeweils von einer

anderen Sektion (Land) veranstaltet wird. Es findet jeweils im Anschluss an das bereits traditionelle jährliche *Sommerseminar*[87] statt und wird von Mitgliedern des IOT oder/und anderen ChaosmagierInnen abgehalten. So stellt es auch eine großartige Möglichkeit für Interessenten dar, ein wenig von der praktischen Seite unserer Arbeit kennen zu lernen.[88]

F: Was ist das Besondere am IOT, das andere Orden nicht haben?

A: Wir haben das Chaos! (lacht)
Das Besondere am IOT ist das Ausbrechen aus den klassischen Strukturen. Dadurch wird erstmals die Verantwortung jedem Mitglied zu 100 % rückdelegiert. Das schreckt viele ab, wenn sie begreifen was das bedeutet. (grinst)
„Wir haben die schönsten Frauen!“ sagte einmal Phil Hine in einem Interview mit einem englischen Reporter.
... und wir haben sicher den meisten Spaß.

F: Die Geschichte magischer Orden hat gezeigt, dass Hierarchien und Geheimhaltung immer wieder aufbrechen. Wie stark habt Ihr mit diesen scheinbar allgegenwärtigen Auflösungstendenzen zu kämpfen?

A: Relativ wenig, denn wir haben heute eben kaum noch Hierarchien und Geheimhaltung. Geheim gehalten werden lediglich die Identität der Mitglieder (sofern diese es wünschen), Zeichen, Passworte und innere Angelegenheiten, nicht aber Themen, Ziele und Arbeiten.
Unsere Gradstruktur umfasst vier Grade, die in erster Linie nur Pflichten und keine zusätzlichen Rechte beinhalten. Alle Sektionen und Tempel sind autonom. Manche dieser Tempel arbeiten beispielsweise auf bestimmte Zeit mit besonderen Glaubenssystemen und Paradigmen. Klar, dass sie bei der Aufnahme neuer Mitglieder zusätzliche Auflagen stellen, um eine effiziente magische Zusammenarbeit erreichen zu können. Wenn es deshalb in einem Tempel zusätzliche Regeln gibt, dann sind sie aber von einzelnen Mitgliedern frei und auf Zeit erwählt.
Allen Tempeln gleich ist nur eine Grundstruktur, die aus drei Ämtern besteht und einen sehr wichtigen Regelmechanismus in sich trägt.

---

87 Jahrelang wurden diese jährlichen Chaos-Seminare in Österreich und Deutschland vom Magic Circle organisiert. In den letzten Jahren haben dann auch andere Länder in denen ein AGM abgehalten wurde, diesen Brauch übernommen.

88 Das jeweils aktuelle Seminar findet sich unter „Calendar“ bei: http://www.717.info

Die ersten beiden Ämter sind:

DAS AMT DES MAGISTER TEMPLI

Die Aktivitäten eines Tempels werden vom Magister Templi koordiniert. Er trägt dafür Sorge, dass Tempelaktivitäten organisiert und strukturiert werden.

DAS AMT DES ARCHIVARS

Der Archivar führt Buch über die Aktivitäten eines Tempels. In den Aufzeichnungen werden ausschließlich die offiziellen magischen Namen oder Zahlen der Anwesenden festgehalten. Die Aufzeichnungen halten Ort und Zeit der Tempelaktivitäten fest, ebenso eine kurze Zusammenfassung der jeweiligen Arbeit und ihrer Ergebnisse.

... und das dritte Amt, das uns ein wertvolles Instrument im Umgang mit persönlichen Spielen, Amtsüberschreitungen, Nachlässigkeiten, und sonstigem Unfug ist.

DAS AMT DES INSUBORDINATORS (Der Querulant):

Jedem Magister Templi, so wie jedem 2° und 1° des Paktes wird ein persönlicher Insubordinator zugewiesen, der von sämtlichen Mitgliedern des Tempels mit Ausnahme des M.T. selbst gewählt wird.

Insubordinatoren haben folgende fünf Aufgaben:

- Sicherzustellen, dass alle Unterweisungen und Vorträge klar verständlich sind und jene, die es nicht sind, entsprechend zu kritisieren oder auf ihrer Klarstellung zu bestehen. Dies ist die Pflicht des Toren, nämlich dort Unwissenheit vorzutäuschen, wo andere Verständnis vortäuschen.
- Kritik mit einer gewissen „Tollpatschigkeit" zu übermitteln. Dies ist die Pflicht des Narren, nämlich das ins Lächerliche zu ziehen, was andere aus Gründen der Diplomatie gerne übersehen.
- Persönliche Mängel und blinde Flecken aufzuzeigen. Dies ist die Aufgabe des Korrektors, nämlich persönliche Dinge auf unparteiische Weise zu handhaben.
- Persönliche Berichte über Aspekte der persönlichen magischen Entwicklung entgegenzunehmen, diese aber nicht notwendigerweise zu kommentieren. Dies ist die Pflicht des Konfessors, dessen Existenz einen Schutz vor Trägheit oder Selbstzufriedenheit bietet.
- Das Recht auszuüben, gegebenenfalls gegen Anordnungen sein Veto einzulegen und den 1° von seiner Ausübung in Kenntnis zu setzen. Dies ist die Pflicht des Inquisitors, nämlich die Verhinderung des Amtsmissbrauchs.

Die Inhaber des Insubordinatorenamtes wählen einen aus zwei Worten bestehenden Titel, um ihren Ausdruck des Amtes zu charakterisieren. Solch ein aus zwei Worten bestehender Titel kann sich aus einer beliebigen Kombination der Begriffe Tor, Narr, Korrekter, Konfessor und Inquisitor zusammensetzen. Der Überlieferung folgend wird eines der Worte gewählt, das jene Funktion bezeichnet, die dem Temperament des Kandidaten am meisten liegt, sowie eine weitere Funktion, die ihm am wenigsten liegt. Der Insubordinator kann also beispielsweise die Bezeichnungen Inquisitor-Narr, Korrektor-Tor, Konfessor-Inquisitor usw. annehmen.

... ganz schön verwirrend, was?

Im Klartext: Da gibt es immer einen, der von Amts wegen herumnörgelt, – nicht im negativen Sinne. Er kann auch hinterfragen, Input geben,... Jedenfalls sorgt er dafür, dass das Ziel seiner Subordination sicher immer wachsam bleibt.

Du musst auch bedenken, dass die Anforderungen an die höheren Grade auch laufend ansteigen. Je mehr Mitglieder wir haben, desto mehr organisatorische Arbeit fällt an. Der Informationsfluss soll funktionieren, Treffen müssen organisiert werden und so weiter.

Wer mehr wissen will, der kann sich „DAS BUCH“ [89] (des IOT) gratis aus dem Internet downloaden. Da stehen alle Details.

F: Besonders im Internet war immer wieder etwas davon zu hören, dass es im IOT kriselt und auch Mitglieder ausgeschlossen wurden. Arbeiten Chaosmagier automatisch auch unter chaotischen Verhältnissen?

A: Der IOT ist keine auf Erlösung wartende Jüngerschar, sondern ein Haufen von Individualisten, die unentwegt am Experimentieren sind. Da liegt's wohl auf der Hand, dass es auch zu Spannungen kommt.

Bei Terry Pratchett steht irgendwo, dass die ideale Gruppengröße für Magier und Hexen immer 1 ist … und dass sie nur deshalb zu größeren Treffen erscheinen, weil sie wissen, dass die Gruppenenergie eine größere ist.

Zudem werden unsere internen Beziehungen immer wieder missverstanden. Wir sind eben keine Kuschelgruppe, in der man alle Brüder und Schwestern lieb haben muss. Es gibt eine ganze Reihe Leute im Pakt, die ich ausschließlich aus magischen Gründen treffe und privat nie sehe. Hab' kein Interesse daran – wozu auch.

---

[89] Derzeit sind die deutsche und die englische Version erhältlich: http://www.717.info/iot/the_book

Ich denke, dass diese Krisen-Gerüchte auch deshalb zustande kommen, weil die Zusammenarbeit verschiedener Mitglieder im IOT manchmal nur von kurzer Dauer ist. Bei uns passiert es immer wieder, dass Tempelmitglieder nach ein bis zwei Jahren Zusammenarbeit feststellen, dass sie jetzt lieber andere Ziele verfolgen wollen, oder dass ein Arbeitszyklus abgeschlossen ist und sich kein neuer gemeinsamer Ansatz findet. Hört man dann, dass sich eine Gruppe getrennt oder aufgelöst hat, wird gleich impliziert, dass es Streit gegeben haben muss, oder dass das gleichbedeutend mit einem Austritt aus dem Pakt wäre.

Manchmal sehen Mitglieder aber auch ein, dass sie den Ansprüchen des IOT nicht mehr entsprechen können – oder wollen, und trennen sich in Freundschaft von uns.

Zu Deiner Frage: *Arbeiten Chaosmagier automatisch auch unter chaotischen Verhältnissen?*

Die gemeinsame Arbeit und der Erfahrungsaustausch im IOT läuft überraschend geordnet ab, von chaotisch kann hier keine Rede sein.

F: Magische Orden stehen oft in dem Ruf, patriarchale Männervereinigungen zu sein. Wie stark ist der Einfluss weiblichen Gedankenguts im IOT und wie hoch ist der Anteil weiblicher Mitglieder?

A: Wir führen keine internationalen Mitgliederlisten. Die genaue Anzahl der Mitglieder ist gerade den Leitern der einzelnen Sektionen bekannt. Bei den internationalen Treffen sind im Durchschnitt mehr als 40% der Teilnehmer Frauen.

Das Wort Chaosmagie schreckt viele weibliche Interessenten ab und in früheren Jahren des IOT war die Qualität vieler Rituale sicherlich auch sehr männlich. Mittlerweile ist der Pakt aber stolz auf viele unerschrockene Frauen, die ihre Magie in die gemeinsame Arbeit einbringen. Eine große Bereicherung, die ich vorher nie so intensiv erfahren durfte.

F: Sind Chaosmagier unpolitisch?

A: Keinesfalls, ein magisches Bewusstsein [setzt] die Auseinandersetzung mit diesem Thema ohnehin voraus. Parteipolitik hat bei uns allerdings nichts verloren und Menschen, die auf Grund ihrer Gesinnung zu weit rechts oder auch links stehen, scheitern bezüglich einer Aufnahme in den Pakt daran, dass sie sich weder mit unseren Auffassungen von persönlicher Freiheit, noch dem Satz: „Möglicherweise gibt es keine absolute Wahrheit", oder auch der Tatsache, dass „die größte Anforderung, die ein Mitglied an ein anderes stellen kann die Bitte ist" identifizieren können.

F: Kann es eine Magie geben, die sich mit dem Status Quo der Gesellschaft nicht abfindet und ihn zu verändern trachtet (etwas wie es Stephen Mace vorschlägt)?

A: Ich denke, dass sich jeder, der in der modernen Welt unpolitisch lebt und sich mit dem Status Quo der Gesellschaft einfach zufrieden gibt, sehr unverantwortlich und dumm verhält. Deshalb liegt es für mich auf der Hand, dass es einem Magier gut zu Gesicht steht, seine Kräfte auch in diese Richtung zu lenken.

F: Hat magisches Denken und Tun in dieser Welt der ausufernden Massenunkultur noch eine Zukunft? Verbindest Du etwas mit dem Gedanken eines Neuen Aeons?

A: Magie war nie etwas für die Masse und ich denke, sie wird es – falls überhaupt – noch lange nicht sein. Magisches Denken und Tun hingegen wird immer sinnvoll sein. Vielleicht sagen wir einmal nicht mehr „Magie“ dazu, sondern es gibt verschiedene wissenschaftliche Fachausdrücke für unser Tun. Wir streben alle danach keine Getriebenen mehr zu sein, das Schicksal selbst zu bestimmen. Magisches Denken und Tun funktioniert nur, wenn wir es von unserem übrigen Sein nicht abkoppeln. Freizeitmagier können sich vielleicht einmal eine schwarze Kutte umhängen und mächtig die Sau rauslassen, werden aber nicht sehr weit fortschreiten. Wer aber den magischen Weg tatsächlich verfolgt, der wirkt auch im täglichen Leben. Geschäftsbeziehungen, Freundschaften, 2er-Beziehungen, Überzeugungen, Skripte und Paradigmen werden in Frage gestellt, überprüft, neu definiert... das gehört auch zur Politik. Magier ist man 24h am Tag. Es wird experimentiert und – wenn auch manchmal etwas chaotisch – evaluiert. Pionierarbeit auf der Schwelle zum neuen Aeon[90].

F: Der Chaos- oder pragmatischen Magie wird immer wieder nachgesagt (oder vorgeworfen), dass sie rein zweckgebunden und ohne jeden spirituellen oder ethischen Hintergrund arbeitet. Kannst Du dazu etwas sagen?

A: (grinst) ... und, wo ist das Problem?
Wir stehen dazu, denn das macht die Arbeit wesentlich einfacher für uns.
Das soll nicht heißen, dass wir keine Ethik oder Spiritualität kennen.
Jeder Einzelne von uns hat sehr wohl seine ganz persönliche Moral, Ethik und Spiritualität.

---

[90] Siehe auch: Ritus des 5. Aeons.

Wenn zum Beispiel bei einem internationalen Treffen ein Ritual vorgeschlagen wird, hat jeder die Möglichkeit frei zu entscheiden, ob er teilnehmen will oder nicht. Wer mit dem Thema, Aufbau, oder aber mit dem ethischen, moralischen oder spirituellen Hintergrund nicht konform geht, der spricht sich einfach dagegen aus und nimmt nicht teil. Das ist aber nicht gleichbedeutend mit der Annahme, dass wir keinen spirituellen, ethischen, oder moralischen Background hätten. Es ist nur nicht immer derselbe und nicht immer für alle Mitglieder.

Unser Ansatz ist vielleicht am besten mit diesem Satz erklärt:

„Der Chaosmagier benutzt Paradigmen und Glaubenssätze wie ein Chirurg sein Besteck."

F: Ihr betrachtet das Chaos als etwas Schöpferisches. Im Gegensatz dazu empfinden viele Menschen starke Ängste beim Verlust von Kontrolle und Sicherheiten. Wie geht Ihr mit Ängsten um?

A: Es ging nie um den Verlust der Kontrolle um Chaos als Verwirrung zu erleben.

Da stehen wir jetzt am Anfang eines langen Gesprächs über Chaos, das glaube ich den Rahmen dieses Interviews sprengt.

Aber zum Thema Angst:

Lehne Dich zurück, schließe die Augen, atme tief durch, entspanne Dich und... ...bitte denk jetzt eine Minute nicht an einen Affen... ...na? ... Affenhorden ziehen vorbei! Das klappt nicht.

Genauso ist es mit Ängsten. Sich einzureden man hätte keine, funktioniert nicht. Klar, man kann sich ablenken und viele andere Flucht- und Vermeidungsstrategien bis zur Perfektion entwickeln.

Oder, man stellt sich seinen Emotionen, geht bewusst hinein, erlebt sie. Illuminaten von Thanateros (Thanatos/Tod, Eros/Erotik, Sex) Bei uns steht ja schon der Name für die Arbeit mit Gegensätzen. So bearbeiten wir beispielsweise Emotionen oft paarweise, (Liebe-Hass, Freude-Leid, ...). Durch die Erfahrung der Gegensätze ergibt sich eine neue Möglichkeit des Umgangs mit ihnen.

Das erklärt sich am besten mit einem Bild.

Jeder kennt dieses schwarze Loch von Depression oder Angst in das man fallen kann. Fällt man erst einmal, gibt es nur zwei Alternativen. Die erste, die wir normalerweise verfolgen ist der verzweifelte Versuch irgendwo Halt zu finden, den Sturz zu bremsen und dann unter Aufbieten aller Kraft langsam wieder empor zu klettern.

Die andere Alternative ist sich fallen zu lassen. Fallen lassen mit „geöffneten Augen", den Sturz zu erleben und auch den Schrecken zu sehen. Fällt man mit „offenen Augen“, kann man sich ohne am Boden des Strudels zu verschwinden oder zu zerschellen, leicht wieder hochkatapultieren. Oft gelangt man dann sogar weiter hinaus, als man denkt. Ich will damit nicht sagen, dass das Erlernen dieser Technik es ermöglicht, einen Sturz durch die Angst in lustvolle Ekstase zu verwandeln. Unbestritten ist, dass sie dich nach und nach dazu ermächtigt, viel besser mit den eigenen Emotionen umgehen zu können. Interessant dabei ist, dass dies nicht über den Faktor: „totale Kontrolle“ passiert, sondern durch ein Ausnützen der Dynamik von Emotionen, gepaart mit der Erkenntnis, dass die extremsten Extreme ganz schön nah beieinander liegen[91].

F: In Deinem „Handbuch der Chaosmagie“ findet sich auch das allbekannte „Tu was Du willst sei das ganze Gesetz“ wieder. Gibt es eine direkte Traditionslinie des IOT zu Crowley und Thelema?

A: Direkte Traditionslinie ist übertrieben. Viele Gründungsmitglieder des IOT haben Crowley gelesen, manche arbeiteten auch nach seinen Anleitungen. „Tu was Du willst sei das ganze Gesetz“ ist einfach ein großartiger Satz und macht sich auch gut neben: „Nichts ist wahr, alles ist möglich.“

F: Nun hätte ich es fast vergessen. Du hast vorhin ein Buch angesprochen, das verschiedene Rituale des Pakts beinhalten soll. Ist das eine neue Version des Liber Null und Psychonautik?

A: Nein, keinesfalls. Eine kleine Gruppe von Paktmitgliedern arbeitet derzeit an einer Zusammenstellung verschiedener Übungen und Rituale, die in den letzten Jahren im Pakt vorgestellt und erfolgreich durchgeführt wurden. Die wollen wir als Buch veröffentlichen, um mit dem Erlös Paktmitglieder zu unterstützen, die sonst bei internationalen Treffen nicht teilnehmen könnten, oder auch ganz neue Projekte zu finanzieren. Wie Du weißt gibt's bei uns ja keine Mitgliedsbeiträge, oder andere Einkünfte, die wir dafür verwenden könnten.

F: Was hat es mit DAS BUCH auf sich?
Der Pakt ist gewachsen, hat sich verändert und weiterentwickelt.
Liber Null und Psychonautik von Pete Carroll haben viele Jahre lang den Pakt definiert, haben aber heute nicht mehr den Stellenwert für den Pakt, den sie einstmals hatten. Sie gehören zu unserer Geschichte und wir stehen auch heute noch zu vielen Inhalten.
So haben wir nach vielen Jahren unsere „Minimalstatuten“ im schon vorhin zitierten „DAS BUCH“ neu formuliert und arbeiten derzeit an einem

---

91 Zum Thema Angst und persönliche Dämonen findet sich noch ein neues Ritual: „Zeit der Dämonen“ im Anhang dieses Buchs.

Handbuch für Novizen, das vom Liber MMM inspiriert, den Novizen eine Hilfestellung bringen soll, sich auf die praktische Arbeit als Mitglied des Paktes vorzubereiten.

F: Eng mit dem IOT verbunden ist oder war Euer Projekt „Caput Corvi". Was ist Sinn und Zweck dieser Sache?

A: Das ist eine lange Geschichte. Ich fass das mal ganz kurz.
Begonnen hat es im Jahr 1985 – da war der IOT für mich noch kein Thema. Später gab's Caput Corvi, ich glaube im Jahr 1986 – nichts weiter, als ein Postfach, ein paar privat organisierte chaosmagische Workshops und Events und einige wenige Leute die Kontakt zu anderen Gleichgesinnten suchten. Zettel mit magischen Statements wurden in Lokalen verteilt, Freunde wurden angesprochen. Caput Corvi entwickelte sich zu einer Art Kontaktzentrale für magische und vor allem chaosmagische Themen. Später haben wir auch über eine Webseite verschiedene Kontakte vermittelt und Infos ausgetauscht.
Daraus sind auch offene Veranstaltungen und Seminare unter dem Namen Magic Circle entstanden. Die Drum Days zum Beispiel: Eine dreitägige Veranstaltung mit Nonstop-Trommeln und verschiedensten schamanischen und anderen erdverbundenen Riten. Eine großartige Sache. Hat mich Tage gekostet wieder ganz zu landen. (grinst)
Dann waren da die ersten Veranstaltungen des Alpenvoodoo, da war Chaoveda[92] und noch eine Reihe anderer Events.
Einige Jahre später habe ich mit Blackpete eine Chaos Datenbank[93] eröffnet und im Jahr 2001 die 717.info Seite[94]. Zusätzlich ist jetzt auch noch eine Domain: Illuminates.org[95] im Aufbau, auf der verschiedene Mitglieder des Pakts ihre ganz privaten Seiten veröffentlichen. So war es nicht mehr notwendig die alten Seiten zu behalten. Alle Inhalte von Caput Corvi sind im Sommer 2002 übersiedelt.
...und das Postfach bin ich endlich los!

F: Eure Internetaktivitäten sind nicht zu übersehen. Ist das Internet ein ideales chaosmagisches Medium?

A: Ideal? ...weiß nicht. Ich sehe das Internet nicht als DAS NEUE MEDIUM in der Magie, aber es bietet eine Menge neuer Forschungsmöglichkeiten. Wir haben zum Beispiel schon oft Rituale an verschiedensten Orten

[92] Meditation und Siddhitechniken des Patanjali kombiniert mit modernen chaosmagischen Techniken.
[93] http://www.chaosmagick.org
[94] http://www.717.info
[95] http://www.illuminates.org

durchgeführt. Alle Teilnehmer treffen einander in einem Chat mit Webcam und vereinbaren und diskutieren die durchzuführende Arbeit. Dann gehen alle in ihre Tempel und führen die Arbeiten zeitsynchron durch. Bei einem anschließenden Chat werden die Erfahrungen ausgetauscht. Großartig!
Abgesehen davon ist der Wert des Internets als Informationsmöglichkeit nicht hoch genug zu schätzen.

F: Gibt es noch andere neue Projekte?

A: Ich arbeite gemeinsam mit mehreren Leuten aus Benin an einer Voodoo-Website. Ich bin sicher das bringt mich noch auf einige ganz neue Ideen.
Mein magischer Roman, den ich Johanna Bohmeier vor ca. 5 Jahren angekündigt habe, liegt auch noch hier. Ich bin seit Jahren zu beschäftigt um ihn fertig zu stellen.
...aber wer weiß, vielleicht wird er ja mal fertig. Webseiten, Veröffentlichungen, das alles kostet viel Zeit. Ich muss Prioritäten setzen. Für mich hat die praktische Arbeit Vorrang. Deshalb kündige ich besser nichts mehr an, was nicht schon fast fertig ist.
So, das waren jetzt wohl genug Fragen.
Ich bin dafür, wir gehen jetzt entweder in den Tempel und arbeiten, statt darüber zu sprechen, oder ich tu was gegen meine trockene Kehle und hol mir ein Bier!

8. NEUE RITEN

Ritus des 5. Aeons

Ein Ritus, ein chaosmagisches Mysterienspiel, ein Fest um das neue Aeon einzuläuten.

Eine Reise durch die Äonen,
von der Urkraft, der Unschuld und dem magischen Denken
zu Angst, Verwirrung,
Dunkelheit, Verneinung,
zum logischen, rationalen Denken,
zum Vergessen und zurück, bzw. vorwärts (aufwärts)
auf der DNS,
der Spirale des Lebens.

Der Ritus entstand durch die starke Beeinflussung meiner magischen Arbeit durch Techniken des Voodoo. Es drängten sich mehr und mehr Korrespondenzen zwischen der Figur des Exu und des Baphomet auf. 1996 startete ich mit einer Gruppe von Magiern erstmals den Versuch einer Invokation des Exu/Baphomet. Die sich daraus ergebenden Erfahrungen und die Erfahrungen aus vielen Baphomet-Ritualen, gaben letztendlich den Anstoß für den Ritus des 5. Aeons.

1) Das Ritual ist eher einem Voodoo-Zauber entsprechend als Fest/Feier angelegt und weniger als genau definiertes Ritual. Die Teilnehmer werden durch die 4 Aeonen geführt. Das 5. Aeon beginnt im Ritual und wird dann auf jede erdenkliche Weise zelebriert. Offizielles Ende oder gar Bannung gibt es hier nicht.
2) Im Ritual invozieren Priester und Priesterin die Kraft des Pan/Baphomet, um die Zweigeschlechtigkeit stärker hervorzuheben.
   (Denn obwohl Baphomet die Attribute beider Geschlechter trägt, scheint es in Gesprächen mit anderen Teilnehmern doch immer wieder so, als ob der männliche Aspekt des Baphomet für viele im Vordergrund steht).

3) Der Aufbau
   1 Priester
   1 Priesterin
   1 Zeremonienmeister
   mehrere freiwillige Tempeldiener (mindestens jedoch 3)
   Körperfarben
   Ketten und Fesseln
   Sakrament
   Nebelmaschine
   evtl. Zweige mit Blättern

Das erste Aeon:

frei von Schuld, voll im magischen Denken. Eine Welt voller Wunder.

Das zweite Aeon:

die endgültige Fleischwerdung, Pan, der Schelm der Dinge durchschaut, der Trickster, Sexualität, Gefühl, Magie

Das dritte Aeon:

Angst, Ablehnung, Verteufelung, Rückzug

Das vierte Aeon:

Vergessen, Trägheit, Stillstand, Tod

Das fünfte Aeon:

Der neue Frühling der sich an der DNS, an der Spirale des Lebens aufwärts rankt. Die alten Götter kommen wieder, wieder in neuer Form, die alte Kraft in neuem Gewande, wir treffen sie wieder, eine Stufe höher auf der Leiter der Evolution.

Der Beginn jedes neuen Aeons wird im Ritual vom Zeremonienmeister durch entsprechende einleitende Worte begleitet.

Ablauf:

0) Bei Bedarf findet ein kurzes Bannungsritual außerhalb des Tempels statt.
1) Die Teilnehmer leeren weitgehend ihren Geist und betreten einzeln den Tempel.
   Sie werden vom Zeremonienmeister mit den Worten:
   „Tu was Du willst, aber tu's!" empfangen.
   Darauf antworten sie „Ich tu`s!" und schreiten weiter in den Raum.
   Der Tempel ist spärlich von weißem Licht durchflutet, das den Nebel (Nebelmaschine) noch sonderbarer erscheinen lässt. Sphärische Töne begleiten die Teilnehmer, die sich unschuldig staunend im ersten Aeon wieder-

finden. Eine Welt voller Wunder. Für längere Zeit schweben sie gleichsam umher, voll im magischen Denken des ersten Aeons.

2) Leises Trommeln setzt ein.
   Priester und Priesterin, die bisher unter einem Tuch (oder wahlweise unter einem Berg von Zweigen) versteckt waren, springen hervor. Sie verkörpern das Element Pan/Exu. Der grüne Mann und die grüne Frau (die beiden sind von Kopf bis Fuß grün bemalt) springen schelmisch tanzend zwischen den Teilnehmern umher. Das Trommeln schwillt an. Priester und Priesterin beginnen einen ekstatisch, erotischen Tanz. Sobald diese Energie auf alle Teilnehmer übergesprungen ist, bricht das Trommeln ab und sakrale Musik erklingt.
   Sie läutet das 3. Aeon ein.

3) In Kutten gehüllte Männer mit großen Holzkreuzen treten auf, drängen die Teilnehmer von Priester und Priesterin zurück. Sie reden von GUT und BÖSE, RICHTIG und FALSCH und von der Sünde. Sie schreiten den Kreis ab und erheben warnend, später drohend den Zeigefinger. Dabei erklären sie wie schlecht und verabscheuungswürdig die Lust und Ekstase wäre. Sie sprechen über Hölle und Sünde, Tod und Teufel – und vom WAHREN EINZIGEN GOTT. Sodann weichen die Teilnehmer langsam zurück, sind angsterfüllt und wenden ihre Angst und Unsicherheit gegen den Priester und die Priesterin in der Mitte. Sie bannen sie. Gleichzeitig werden Priester und Priesterin von den Tempeldienern des 3. Aeons mit den Kreuzen niedergerungen und mit Ketten an den Boden gefesselt.
   So funktionierte es aber nicht, jedenfalls nicht 1997 in Deutschland, als wir dieses Ritual mit ca. 40 Personen zelebrierten. Die Teilnehmer wichen nämlich nur sehr, sehr langsam zurück.
   Es war keine Rede davon, dass sie Priester und Priesterin bannen.
   Im Gegenteil, manche Teilnehmer konnten kaum zurückgedrängt werden. Es gab Schreiduelle und handgreifliche Auseinandersetzungen. Ein Teilnehmer verbiss sich sogar in einem drohend erhobenen Kreuz. Deshalb empfiehlt sich für Neuauflagen des Rituals die Diener des 3. Aeons mit Gerten, Peitschen, oder Brennnesselzweigen auszustatten, um nicht in Gefahr zu laufen, vor der ekstatischen Masse aus dem 2. Aeon kapitulieren zu müssen.
   Liegen Priester und Priesterin bewegungslos und gefesselt auf dem Boden, verklingt langsam die Musik. Sie werden vergessen.

4) Das vierte Aeon bricht an. Die Teilnehmer bewegen sich orientierungslos im Raum. Im Unterschied zum ersten Aeon gibt es kein Staunen und Entdecken, sondern zunehmende Verwirrung, Stumpfsinn, Trägheit. Es gibt

keinen Sinn, kein Ziel, keine Antwort. Die Teilnehmer bewegen sich immer langsamer und mechanischer, blicken nicht mehr links und rechts, werden zunehmend auf roboterische Muster reduziert, bis sie letztendlich erstarren.

Es folgt eine Meditation über Erstarrung und Tod im 4. Aeon.

Zur gleichen Zeit meditieren der Priester und die Priesterin über den endlosen Kreislauf von Geburt und Tod sowie über sexuelle Triebkraft als den Motor dieses Kreislaufs, durch den er zusammengehalten wird. Schließlich imaginieren sie das sexuelle Verlangen aller Lebewesen dieses Planeten als in ihrem eignen Leib vereint und zu geballter Kraft gebündelt.

5) Das fünfte Aeon:

Der neue Frühling der sich an der DNS, an der Spirale des Lebens aufwärts rankt. Die alten kommen wieder, wieder in neuer Form, die alte Kraft in neuem Gewande, wir treffen sie wieder, eine Stufe höher auf der Leiter der Evolution.

Musik setzt ein.

Priester und eine Priesterin beginnen sich am Boden zu winden und sich von ihren Fesseln zu befreien. Tempeldiener kommen herbei und helfen.

Der Zeremonienmeister spricht währenddessen die barbarische Anrufung:

BARBARISCHE
ANRUFUNG 1

UDINBAK FIACOPA XEBEMEK
WABTEH KUDEX
WINGEK
INGBEZOTH
XIQUAL HEV
QYOPAL VAWEJ

ÜBERSETZUNG:

AUS DEM CHAOS KOMMEND
DEN ÄTHER DURCHDRUNGEN
SCHRECKLICH GEFÜRCHTET IN DER DUNKELHEIT
VERBORGEN, VERGESSEN
ERSCHEINST DU/IHR WIEDER
ALS (ER)LEUCHTENDER GOTT.

Die Tempeldiener malen das Sigill des Willenssatzes auf Priester und Priesterin:

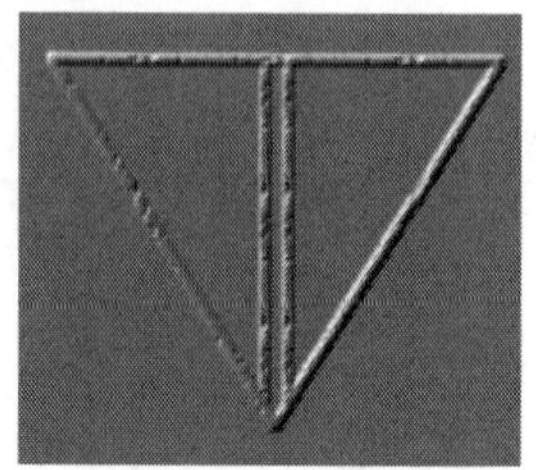

BARBARISCHE
ANRUFUNG 2

AXBIM HADKA
FAKUBA DEGAJOX QUIFOHOC
FACH LOHIXOZ HEV
S'HASAK BER ASHARA
BICOW OXO RINGMA
HUSA DINTHOQUAF
SEH DICONGWO
CHO CHOYOFAQUE
ONGO CAMVANG

ÜBERSETZUNG:

GROSSE SCHLANGE,
ELIXIER DES LEBENS, – ERSCHEINE!
WIR RUFEN DICH AN.
LODERE FEUERGLEICH
IN UNSEREN ZENTREN/CHAKREN
GIB' UNS DIE KRAFT
DER HEILIGEN SIGILL
UM DAS GROSSE WERK ZU VOLLBRINGEN
SO SEI ES

Die Tempeldiener bemalen nun die Teilnehmer mit dem Sigill, die dann wiederum weitere Teilnehmer bemalen. Die Musik hat sich mittlerweile von ruhigen sphärischen Klängen zu wilden ekstatischen Rhythmen entwickelt.
Sind alle Teilnehmer bemalt, steigern sich Musik, Trommeln und Tanz zu einem erotisch-ekstatischen Höhepunkt, an dem Priester und Priesterin das Sakrament weihen. Das Sakrament wird in einem wilden Tanz herumgereicht. Die Teilnehmer geben sich ihrer Lust und Freude am Leben hin und feiern ein Fest.

Eris – Göttin der Verwirrung

Sor. Electra, Fra. .717.

Ist Eris wahr?
Alles ist wahr.
Auch falsche Dinge sind wahr.
Wie kann das sein?
Ich war's nicht, nein ich war's nicht.

IAO-Bannung

Die Teilnehmer stehen in einer Reihe zum Altar hin, zum Priester der Eris, der einen Teilnehmer nach dem anderen mit den Worten empfängt: „Was suchst du?"

Die Antwort und gleichzeitig der Willenssatz ist: „Ich suche die absolute Wahrheit!"

Sodann überreicht der Priester jedem ein Stück Papier mit einem Statement, um darüber zu meditieren.

Die Eris-Statements sind z. B.
Rot ist die schönste Farbe
Chaos riecht gut
Ich habe immer recht
Furzen ist sexy
Blau ist lustiger als grün.

Nach einigen Minuten stiller Meditation beginnt Musik? (Eris-Sound-Mix, chaotische Töne, Dissonanzen,…)

Die Teilnehmer beginnen ihre persönlichen Wahrheiten zu deklamieren während sie in verschiedene Richtungen losmarschieren. Sobald ein Teilnehmer den Rand des Kreises erreicht hat, bleibt er stehen, ruft nochmals laut eine Wahrheit, dreht sich um und marschiert in einer anderen Richtung weiter.

Währenddessen konzentrieren sie sich auf alles was sie fühlen und von den anderen Teilnehmern hören. Sobald sie wiederum den Rand des Kreises erreicht haben, rufen sie eine neue Wahrheit aus,…etc.
Das passiert ca. 15 Minuten lang und steigert sich in der Intensität.
Im „richtigen“ – oder „falschen“ Moment erscheint Eris, nackt, schwarz von Kopf bis Fuß, weiße Zähne, rote Lippen.
Niemand weiß was jetzt folgt, Sex, Ekstase, Verwirrung, Furcht,…?
Der Eris-Tanz beginnt.
Der Eris-Tanz endet am Punkt totaler Erschöpfung.

Die Bannung erfolgt durch Abspielen von Walzer, oder ähnlich bannender ☺ Musik.

Infinity-Dance – Unendlichkeitstanz

Sor. Electra

Graphic by ALOAS (http://aloas.chaosmagic.com)

Vorbereitung:
Das Ritual sollte im Freien, rund um eine Feuerstelle durchgeführt werden. Jeder Teilnehmer bringt ein Stück Holz mit, um später die Flamme der Kraft zu speisen.

Ablauf:
IAO-Bannung
Evokation der sieben „Vokal-Elemente"

- Die Teilnehmer (TN) wenden sich gegen Osten und intonieren A, während sie beide Arme nach links ausstrecken (Mond).
- Die TN drehen sich nach Norden und intonieren E, während sie die rechte Faust waagerecht vorwärtsstrecken (Merkur).
- Die TN drehen sich nach Westen und intonieren Ě während sie beide Arme nach vorne strecken (Venus).
- Die TN drehen sich nach Süden, überkreuzen die Arme vor dem Bauch und intonieren I (Sonne).
- Die TN drehen sich nach Osten und intonieren O, während sie mit den Fingerspitzen (bei gestreckten Armen) ihre Zehen berühren (Earth).
- Die TN blicken nach oben, legen die rechte Hand aufs Herz und intonieren EE (Luft).

Die TN legen beide Hände auf den Kopf und blicken nach oben (Äther).

Der Willenssatz wird von allen Teilnehmern gesprochen.

Die Teilnehmer beginnen jetzt das Wort der Kraft zu intonieren, während sie das mitgebrachte Stück Holz vor sich halten und sich auf die Bedeutung der Buchstaben konzentrieren. **I – Th – A**

I	**Th**	**A**
SUN	**EARTH**	**VENUS**
10	**9**	**8**
INFINITY	**PURITY**	**UNITY**

Erst wenn alle die Qualität von I – Th – A intensiv erfahren haben beginnt der eigentliche Infinity-Tanz. Jeder Teilnehmer speist zuerst die Flamme, indem er sein Stück Holz ins Feuer wirft, sucht sich einen Partner, reicht ihm beide Hände (linke Hand greift linke Hand, rechte Hand greift rechte Hand). Jetzt visualisieren beide Partner das Symbol für Unendlichkeit (liegende 8) das durch die Hände und beide Körper läuft.

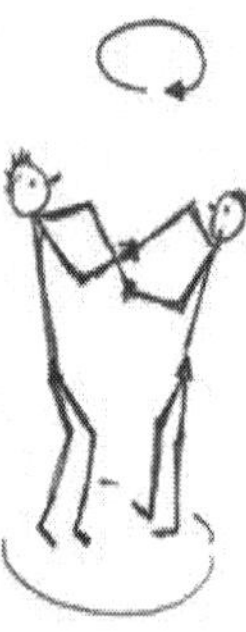

Nun lehnen sich beide Partner möglichst weit zurück und beginnen sich im Kreis zu drehen, während sie weiterhin das Wort der Kraft **I – Th – A** intonieren.
Der Ritus endet ohne Bannung nachdem jeder mit jedem herumgewirbelt ist.

Der Ritus der guten Gelegenheit

Damit es kein Glücksspiel bleibt

1) Jeder kennt's.

Da kommt der rechte Augenblick, da könnte man endlich und dann verpasst man's. Oft passt auch das „große" persönliche Anliegen nicht zur Qualität des Augenblicks. Zwar hätte man auch zu dieser Qualität einen Wunsch, aber bis man das realisiert ist es zu spät. Nie mehr wieder ;-)

Dieser Ritus soll uns

- einerseits darauf konditionieren gute Gelegenheiten ohne zu zögern wahrzunehmen und
- andererseits die Möglichkeit bieten einen persönlichen Willenssatz sofort Wirklichkeit werden zu lassen.

2) Vorbereitung:

Jeder Teilnehmer bereitet einen bis fünf Willenssätze vor, die den Qualitäten von Feuer, Wasser, Erde, Luft und Äther entsprechen.

3) Ausstattung:

Ein Roulette – oder ein anderes Glücks- oder Kartenspiel
Symbole der 5 Elemente

Erde – Evokation
Wasser – Divination
Feuer – Invokation
Luft – Verzauberung
Äther – Transzendenz, magisches Vergessen

4) IAO-Bannung:

5) Das Roulettespiel:

wird gedreht. Kurz bevor die Kugel zum Stillstand kommt, stoppt der MT das Spiel und spricht den Willenssatz:
Damit es kein Glücksspiel bleibt -----
mein Wille sei die gute Gelegenheit zu nützen.

6) Der Ritus:
Passende Casino-Musik wird abgespielt. Nun werden verschiedene Bälle mit den Symbolen der 5 Elemente im Kreis weitergegeben (geworfen). Der Sender sucht Blickkontakt zu einem anderen Teilnehmer im Kreis. Ist der Blickkontakt hergestellt wird der (Energie-)Ball zum Empfänger geworfen. Dieser hat nun zwei Möglichkeiten:

1. Er nutzt die gute Gelegenheit
2. Er gibt die Gelegenheit weiter

ad 1) Entscheidet er sich für die erste Möglichkeit, muss er sehr schnell reagieren. Er dreht sich um 180°, den Energieball mit einem Symbol in Händen. Nun hat er wenige Sekunden Zeit seinen zum Element passenden Willenssatz mit all den ihm zur Verfügung stehenden Mitteln zu laden. Danach dreht er sich abermals um 180° und wirft ihn weiter.

ad 2) Fühlt der Teilnehmer, dass die Zeit zu entscheiden was zu tun ist nicht reicht, oder er keinen passenden Willenssatz zur vorherrschenden Energie parat hat, wirft er den Energieball weiter.

Wer seinen letzten Willenssatz geladen hat, setzt oder legt sich nieder, oder begibt sich an den Rand des Kreises. Er nimmt keinen Blickkontakt mehr mit anderen Teilnehmern auf und fängt keinen Ball mehr.

ACHTUNG:
Alle Teilnehmer sollten sehr vorsichtig sein, denn fällt einer der „Energiebälle“ zu Boden, kann er nicht mehr aufgenommen werden. Die Chance ist vergeben ☹

7) Bannung etc.:
Sitzen alle Teilnehmer, oder liegen alle „Energiebälle“ am Boden schreien alle ein voll füllendes und gleichzeitig bannendes:

JACKPOT

Der Ritus endet damit, dass Sektkorken knallen, sich alle Teilnehmer gegenseitig beglückwünschen und ihren Jackpot feiern!

9. DIE ZEIT DER DÄMONEN

Dieser Ritus ist eine Arbeit aus dem Gebiet der Dämonenmagie. Ziel der Arbeit ist es, Frieden mit den eigenen Dämonen zu schließen. Das heißt, die eigenen Dämonen nicht länger zu negieren oder nur möglichst weit nach außen zu projizieren. Die Christen haben es sich da sehr einfach gemacht. Einst wurde von ihnen alles Üble (und alles was in diesem Glaubenssystem negativ oder unangenehm erschien) dem bösen Teufel zugeschrieben. Jahrhunderte glaubten die Menschen an diese Geschichte. Irgendwann wurde sie aber anscheinend langweilig und schien auch nicht mehr zeitgemäß. Damit geriet der böse (arme) Teufel in Vergessenheit. Da stellt sich doch die Frage: Wo sind denn jetzt die Dämonen der Christen abgeblieben? Damit ist aber auch der persönliche, direkte und unmittelbare Zugang verloren gegangen. Magische Strömungen jedoch versuchten seit jeher diese destruktiven Energien differenzierter zu betrachten.

Durch die Konfrontation mit den Dämonen und dem Durchlaufen der verschiedenen Zustände im Ritual wird ein neuer Zugang zum Thema Dämonen geschaffen bzw. intensiviert, der künftige Arbeiten sicherlich nachdrücklich beeinflussen wird.

Wer sind sie, diese Dämonen?
Wie sehen sie aus?
Wie fühlen sie sich an?
Wie riechen sie?

… die, die dich immer wieder anders reagieren lassen, als du eigentlich möchtest

... die, die dir die Energie rauben und somit verhindern, dass du schneller wächst
... die, die Neid und Gier, Zweifel, Trägheit und Destruktivität in dir fördern
... die, die dir helfen deine persönlichen „blinden Flecken“ zu verstecken

(TO IGNORE A GOD IS TO INVOKE A DEMON)
... die, die dich......

Nur wer wirklich bereit ist, seinen persönlichen Dämonen zu begegnen, sollte an dieser Arbeit teilnehmen. Das gilt wohl für Dämonenmagie ganz allgemein, für dieses Ritual aber sicherlich ganz speziell. Dieser Ritus sollte von keinem Teilnehmer abgebrochen werden. Ebenso sollte niemand den Kreis durchbrechen. Das unterstreiche ich hier besonders, denn die Entwicklung der Chaosmagie hat in den letzten Jahren gezeigt, dass die Bedeutung von Schutzkreis und Bannung starke Änderungen erfahren hat. Schutzkreis und Bannung haben zunehmend mehr die Aufgabe, das Eintreten in ein magisches Paradigma zu kennzeichnen und einen bestimmten Grad von Trance zu erreichen, bevor das eigentliche Ritual beginnt. Die Aufgabe von Schutzkreis und Bannung, „störende Kräfte“ abzuhalten oder „gerufene Kräfte“ im Kreise/Dreieck zu halten, trat meiner Erfahrung nach eher in den Hintergrund.
In diesem Ritus, der eine Übung in bewusst herbeigeführter Paranoia darstellt, steht im Vordergrund, dass die Teilnehmer einen Zyklus durchleben, der keinesfalls abgebrochen werden darf. Das hieße nämlich, nicht nur das Ziel zu verfehlen, sondern in einem psychischen Prozess des Durchlebens von „Macht, Bedrängung, Hilflosigkeit, Kampf, Wiederauferstehung“ stecken zu bleiben und somit psychische Probleme zu verstärken, beziehungsweise länger andauernde psychische Schäden zu riskieren.[96] Noch immer interessiert? Nun gut!

Es ist empfehlenswert, sich vor der Durchführung des Rituals mit seinen persönlichen Dämonen auf meditativem Weg auseinanderzusetzen und über ihre Erscheinung und Wirkungsweise in der „normalen Realität“ zu reflektieren.

1. Meditation über die persönlichen Dämonen.
2. Herstellung eines Sigills, die die persönlichen Dämonen oder auch einen ganz bestimmten persönlichen Dämon repräsentiert.
3. Die Konfrontation mit dem Dämon.
4. Ein Ritus, der das Zelebrieren der Lebensenergie zum primären Inhalt hat. In unserem Fall schloss eine Chaosmesse B den Zyklus.

---

[96] Ich weise hier nochmals darauf hin, dass ich niemandem empfehle diesen Ritus ohne die Hilfe wirklich erfahrener Magier durchzuführen.

Selbstverständlich ist an dieser Stelle jedes Ritual, das die Lebensenergie und die Evolution und Weiterentwicklung zelebriert, ebenso zum Gebrauch geeignet. Auch wäre es möglich an dieser Stelle ein bestimmtes Ritual einzubauen, das eine besondere Qualität des durchführenden Magiers fördert oder ein neues Ziel proklamiert.

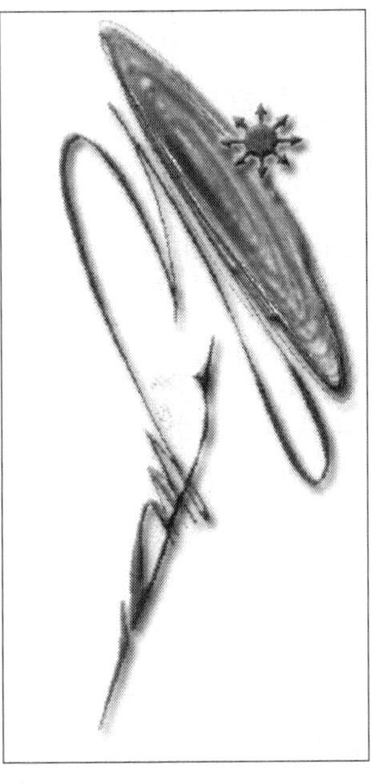

Im Idealfall bereiten mehrere Magier (4-6) den Ritus vor und geben an die Teilnehmer nur die wichtigsten Informationen weiter. So kann der Überraschungseffekt der Pfadarbeit einen zusätzlichen Auslöser für eine tiefe Erfahrung bringen.

Weiterhin bekommen die Teilnehmer die Anweisung, auf KEINEN FALL die Augen zu öffnen, auch dann nicht, wenn sie die Dämonen bereits riechen, hören oder auch spüren können. Erst wenn es die eindeutige Aufforderung des Ritualleiters gibt, erst dann dürfen die Augen geöffnet werden.

Den ersten und den zweiten Teil der Arbeit (Meditation über die persönlichen Dämonen und Herstellung des Sigills) kann jeder Teilnehmer bereits vorher für sich durchführen. Dann erst betreten alle den Tempel. Die Arbeit wird entweder mit Robe oder nackt durchgeführt. Es werden keine materiellen magischen Waffen getragen. In der Mitte des Tempels steht ein länglicher Altar. (Es empfiehlt sich einen leichten Tisch, anstelle von großen Marmorgrabdeckeln, zu verwenden, da der Altar im Zuge des Rituals an eine andere Stelle gerückt werden muss.)

Der Alter ist mit einem schwarzen Tuch bedeckt. Auf ihm steht ein alter, mit Spinnweben umwobener Kerzenleuchter mit einer schwarzen Kerze, die den Raum nur sehr schwach erhellt. Weiterhin können hier zur Arbeit korrespondierende Gegenstände aufgestellt werden.

Die Teilnehmer stellen sich im Kreis auf. (Besser eignet sich die U-Form, da im Ritual der Altar zur Seite geschafft werden muss, und weil für jeden Teilnehmer freie Sicht zur Mitte des Kreises möglich sein sollte.)

Sobald Ruhe eingekehrt ist, beginnt der Ritualleiter die IAO-Bannung anzuleiten.

Im Anschluss legen alle Teilnehmer ihre vorbereiteten Sigillen auf den Boden, setzen sich schweigend darauf nieder, schließen die Augen und entspannen sich.

Der Ritualleiter beginnt mit der Pfadarbeit (Teilnehmer die mit der Chtonosarbeit vertraut sind, können auch den Evokations-/Erd-Tempel für diese Arbeit benutzen).

Es ist eine finstere und schwüle Nacht. Die Luft vibriert.

Du beeilst dich deinen Weg durch den dunklen Wald hinter dich zu bringen, bevor dich das nahende Unwetter erreicht. Die Luft fühlt sich zäh und klebrig an.

Die Kleidung klebt an dir und dein schwerer Rucksack lässt dich nicht so schnell vorankommen, wie du gedacht hast.

Du kannst kaum den Weg erkennen, doch du bist sicher, du würdest ihn auch mit geschlossen Augen finden.

Du bist unterwegs um dich deinen persönlichen Dämonen zu stellen. Denen, denen du dich in letzter Konsequenz immer entzogen hast. Ja, du hast sogar viel Energie aufgebracht, um sie zu verdecken und zu negieren.

Heute willst du ihnen begegnen.

Wind kommt auf. Es beginnt zu stürmen.

Das Unwetter ist nah.

Du drängst dich durch immer dichter werdendes Gebüsch.

Der Sturm nimmt zu als du dich einem Felsen näherst.

Du umrundest den Felsen bis zu einer Stelle, an der du eine riesige steinerne Türe findest.

Sobald du direkt davor stehst, öffnet sie sich langsam. Im Schein einer Fackel siehst du vor dir eine steinerne Treppe, die steil abwärts führt. Die Luft riecht feucht und abgestanden. Dein Atem ist unruhig während du Schritt für Schritt die Treppe ins Dunkel nach unten gehst. Du weißt, dass du auf dem Weg bist, dich deinen persönlichen Dämonen zu stellen.

Nach der letzten Stufe stehst du wiederum vor einer Türe.

Diesmal ist es eine schwere alte Eichentüre ohne Schloss, die sich mit einem lauten Knarren öffnet. Du trittst in den Tempel und die Türe schließt sich wieder knarrend hinter dir.

Der Tempel ist so weit und groß, dass du seine Größe gar nicht richtig abschätzen kannst. Sein Wände und seine Decke verschwinden im Dunkel. Trotzdem ist er durch ein eigenartig fluoreszierendes Licht ganz schwach erleuchtet. In der Mitte des Raumes steht ein Altar. Du stellst deinen schweren Sack endlich ab und atmest tief durch.

Jetzt beginnst du mit den Vorbereitungen für das Ritual.
Zuerst stellst du eine Schale auf den Altar und entzündest die Flüssigkeit in ihr.

Jetzt entzündet ein Helfer die vor dem Altar stehende Schüssel (Brandmasse). Außerdem entzündet er auch noch ein Gefäß mit süßlich-scharf riechendem Räucherwerk und startet die vorbereitete Ritualmusik. Wir verwendeten dafür eine live abgemischte Kombination von „verschiedenen düsteren Klängen" und einem Tape von Diamanda Galas – Litanies of Satan. Jede andere „unheilvolle" Musik ist für diesen Zweck aber sicher auch bestens geeignet.

Ihr schwaches Licht erhellt den Tempel nur wenig mehr.
Du drehst dich gerade wieder um, um deine magischen Waffen zu holen, als du merkst wie sich die Luft im Raum plötzlich verändert.
Du riechst einen süßlich-scharfen Geruch. Das Süße zieht dich an, schleicht sich verführerisch in deinen Körper. Das Scharfe irritiert dich, stößt dich ab.
Noch bevor du dazu kommst, weiter zu überlegen, kommt die Luft um dich plötzlich in Bewegung. Du erschrickst und siehst dich hastig um.

(Die restlichen, erfahrenen Magier, die halfen den Tempel vorzubereiten, haben sich – versteckt hinter einem Vorhang – in leichte Trance fallen lassen und öffnen sich nun ihrer dämonischen Seite. Solcherart „besessen" treten sie hinter dem Vorhang hervor und bewegen sich im Kreis. Die genaue Handlungsweise der Dämonen lässt sich von diesem Augenblick an nur noch erahnen. Ihre Aufgabe ist es, sich möglichst weit in die Trance fallen zu lassen, ohne jedoch tatsächlich besessen zu werden.
Die „Dämonen" beginnen die Teilnehmer, die nach wie vor mit geschlossenen Augen da sitzen, zu berühren, flüchtig, hastig. Sie versetzen ihnen leichte Stöße, ziehen sie an den Haaren – alles flüchtig, alles schnell. – Geräusche, Kreischen...)

Der Ritualleiter geht weiter im Text:

Du spürst eine sanfte Berührung – flüchtig – schnell –
Du siehst Schatten um dich – flüchtig – schnell –
Plötzlich zieht dich etwas kurz am Haar.
Du spürst eine sanfte Berührung – flüchtig – schnell –
Du siehst Schatten um dich – flüchtig – schnell –
Dann, ein Stoß in die Seite, ein Ziehen am Arm.
Du spürst eine Berührung – flüchtig – schnell –
Du siehst Schatten um dich – flüchtig – schnell –
Zerren, schieben, zwicken, stoßen –

Zischen am Ohr – viele Finger auf deiner Haut.
Reißen an deinen Haaren, viele Finger auf deiner Haut, kratzen, ziehen, –
Dir schwindelt, du taumelst, du fällst nieder auf die Knie –
Über dir Schatten, Kreischen, flüchtige Fratzen im Dunkel.
Sie stoßen und reißen und kratzen immer brutaler.
Du kippst nach hinten und sinkst auf den Boden.
Angst schnürt dir die Kehle zu. Dein Atem wird schneller und schneller.

HIER SIND SIE – DEINE DÄMONEN![97]

Du spürst etwas Warmes auf deiner Wange, dann auf deinen Lippen.
Es ist süß und verführerisch.
– Lachen – Schatten – Lachen –
Erst als du merkst, dass der süße Geschmack von deinem Blut kommt ahnst du, dass das warme Gefühl auf deinem Bauch auch von deinem Blut kommt.

Du spürst auf einmal ein Brennen auf deiner Haut.
Das Brennen wird stärker
zerren – reißen – stoßen – ziehen –

SCHMERZ

Du stöhnst, du weinst, du winselst, –
Du versuchst zu entkommen,
aber eine unsichtbare Kraft hält dich eisern am Boden fest.

SCHMERZ – ANGST

Dein Puls rast, dein Herz klopft –
Dir ist jetzt klar, dass es kein Entrinnen mehr gibt.
Du willst schreien vor Angst und Schmerz, doch deine Kehle ist zugeschnürt.
Der Schmerz wird größer, alle deine magischen Fähigkeiten versagen.
Du bist deinen Dämonen schutzlos ausgeliefert.
Dein Schädel zerreißt fast.

Du kannst diesen Schmerz nicht länger ertragen.
Dir wird schwarz vor Augen.

Der Schmerz lässt etwas nach, du spürst wie sich dein Geist langsam von deinem gepeinigten Körper löst.

Du trittst langsam aus dir hinaus, schwebst nach oben und…

---

97 (Dumme Sache! Dämonen haben leider die unangenehme Eigenschaft sich nicht an Zeitpläne und Programme zu halten. Sie kommen sobald sie wollen und sobald die prinzipielle Bereitschaft besteht, sich mit ihnen auseinanderzusetzen.)

JETZT ÖFFNE DIE AUGEN UND SIEH!

ÖFFNE DIE AUGEN!

An dieser Stelle öffnen die Teilnehmer ihre Augen um, ausgetreten aus ihrem Körper zu sehen, was mit ihrer sterblichen Hülle passiert. Die Dämonen weiden den gepeinigten Körper kreischend, tobend und lachend aus. Sie ziehen zuerst die Haut ab und reißen dann die Gedärme heraus. Sie laben sich am frischen Blut.

Die die Dämonen „invozierenden" Magier haben gleich bei ihrem Auftreten den Altartisch beiseite geräumt. Unter dem Altar liegt ein Magier, der die Pfadarbeit mitvollzogen hat, aber für den folgenden Teil speziell präpariert wurde. Er ist nackt. Auf seinem Bauch liegen Eingeweide.[98] Weiterhin ist der Liegende in feuchtes Toilettenpapier eingewickelt. Im schwachen Zwielicht des Tempels kann so der Effekt erreicht werden, als ob die Dämonen dem Liegenden tatsächlich die Haut abziehen und die Gedärme herausreißen.

Dann fährt der Ritualleiter mit dem Text fort:

Die Dämonen, deine Dämonen haben dich zerfleischt.
Doch sieh, auch sie sind nur ein Teil von dir.
Erkenne sie, akzeptiere sie, schließe Frieden mit ihnen!

Nachdem der Höhepunkt des wahnsinnigen Treibens der Dämonen überschritten ist und jeder Teilnehmer sich mit dem in der Mitte liegenden Magier – oder was davon noch übrig ist – identifiziert hat, beginnt langsames, leises Trommeln. Der Priester fährt fort:

Konzentriere dich jetzt auf die Kraft aus der Erde.
Lebensenergie, die aufsteigt um dir neue Kraft zu geben.
Gehe dem Leben entgegen!

Das Trommeln im Herzrhythmus wird lauter und schneller.
Die Teilnehmer fühlen, wie sie mit neuer Lebensenergie durchflutet werden.
Wieder beginnen sie ihren Körper zu fühlen und innerlich zu wachsen.

Der in der Mitte liegende Magier spürt, wie sich sein Körper wieder zusammensetzt und beginnt gleichzeitig mit der Invokation der Lebensenergie, mit der Invokation von Baphomet.

IO BAPHOMET
CHOYOFAQUE

Nachtrag: Die benutzte Sigill kann entweder verbrannt, oder zu weiterem Gebrauch aufbewahrt werden.

---

98 – Die jeder Fleischer ums Eck' gegen entsprechende Bezahlung gerne beisteuert.

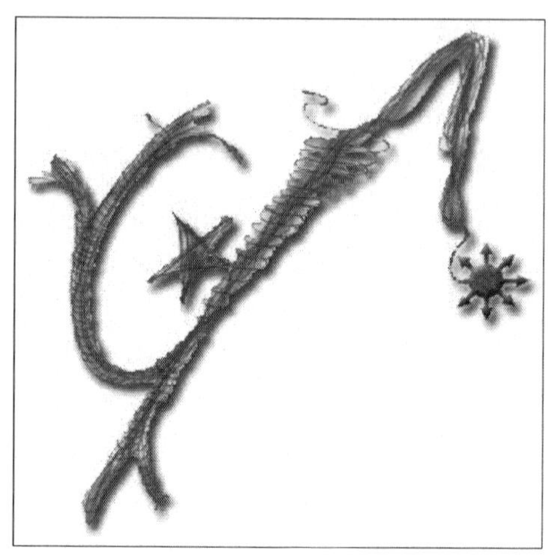

10. NEXT – DER RITUS

Fra. .717., Fra. M

Gratiseinkauf im Supermarkt der Realitäten
oder
Durchs Zeit- und Raumkontinuum hüpfen

Das ist der erste von drei Teilen einer multidimensionalen magischen Arbeit. NEXT – Nicht reden, arbeiten.

In unserer üblichen „chaosmagischen Realität“ arbeiten wir gewöhnlich entlang der Zeitlinie, im Sinne von: Wir sehen die Vergangenheit, kreieren in der Gegenwart einen Ritus, führen ihn durch und warten auf den Effekt in der Zukunft. Warum springen wir nicht aus der Zeitlinie und entscheiden uns für eine bessere, parallele Realität? Und das jetzt gleich.

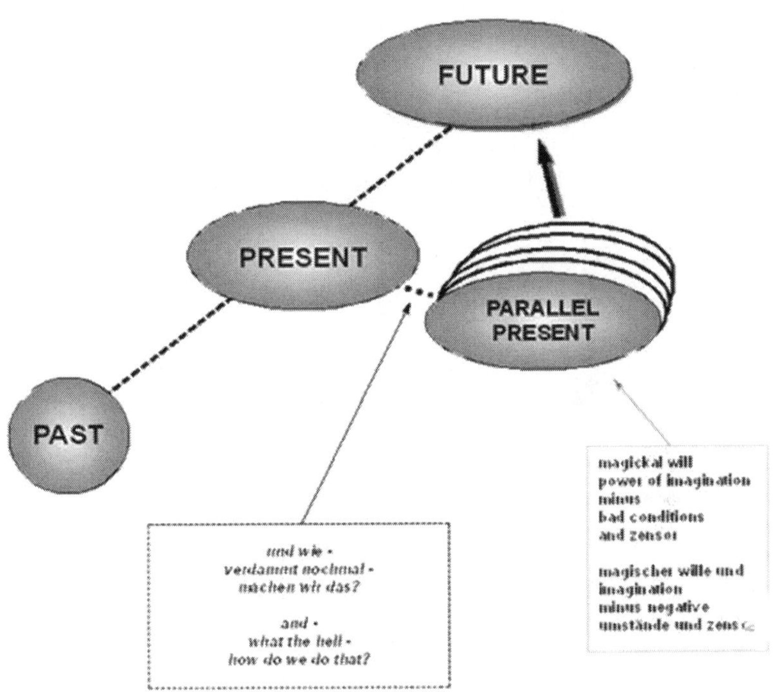

Der Ritus

1) Atemübung (3-5 min.)

Alle sitzen im Kreis und atmen jeweils zwei Mal kurz und heftig ein und einmal langsam aus.

2) Gekettet an Zeit und Raum

Bildet Gruppen mit je 3-5 Leuten. Vor ihnen stehen drei Sessel, die Vergangenheit, Gegenwart und Zukunft repräsentieren. Ein Teilnehmer beginnt, indem er sich auf den ersten Sessel setzt, sich auf seine Vergangenheit konzentriert und zu sprechen beginnt, was immer ihm in den Sinn kommt.

Nach drei Minuten wird ein Gong als Zeichen für den Wechsel geschlagen. Der Teilnehmer setzt sich jetzt auf den zweiten Sessel, konzentriert sich auf seine Gegenwart und beginnt wiederum zu sprechen. Nach weiteren drei Minuten (Gong) setzt er sich auf den dritten Sessel, konzentriert sich auf seine Zukunft und beginnt wieder zu sprechen.

Es gibt dabei nur eine einzige Regel. Solange du auf einem der drei Sessel sitzt hör' niemals auf zu sprechen. Die restlichen Gruppenmitglieder sitzen auf dem Boden und hören zu, geben aber keine Kommentare oder Feedback.

3) Es folgt eine kurze Meditation über die Realität, die du wählen wirst. Finde deinen Willenssatz, oder fertige ein Sigill an.

4) Gruppen mit je drei Personen sitzen im Kreis, den Blick nach außen gerichtet.

A: Schau nach links, sieh auf das Spiegelbild der Person zu deiner Linken, konzentriere dich auf deine Vergangenheit und atme ein.

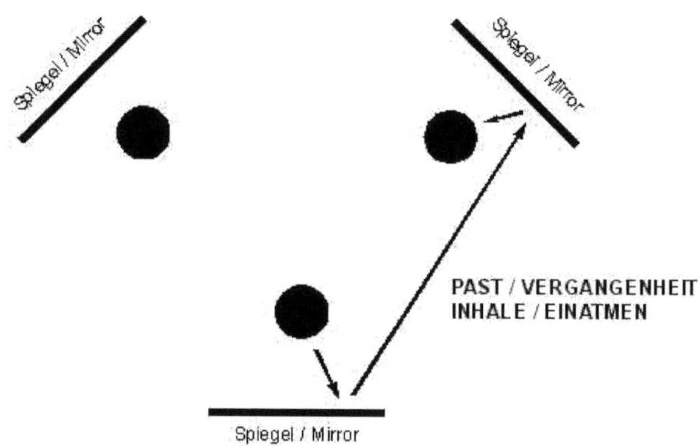

B: Dreh dich zur Mitte, blicke auf dein eigenes Spiegelbild, höre auf zu atmen und konzentriere dich auf deine Gegenwart.

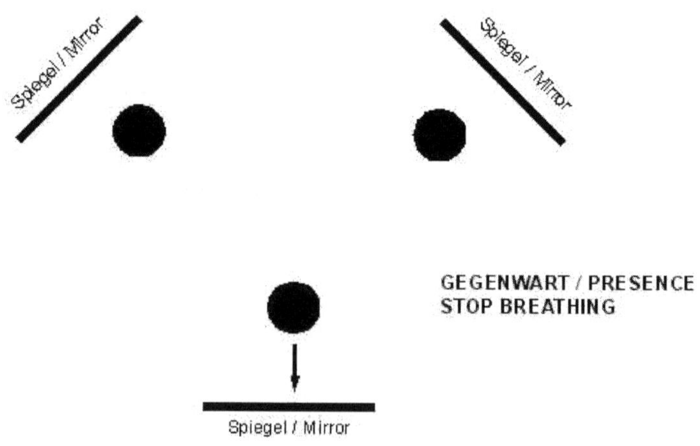

C: Dreh dich nach rechts, blicke auf das Spiegelbild der Person zu deiner Rechten, konzentriere dich auf deine Zukunft und atme aus.
Während du ausatmest, atmet die Person zu deiner Rechten ein.

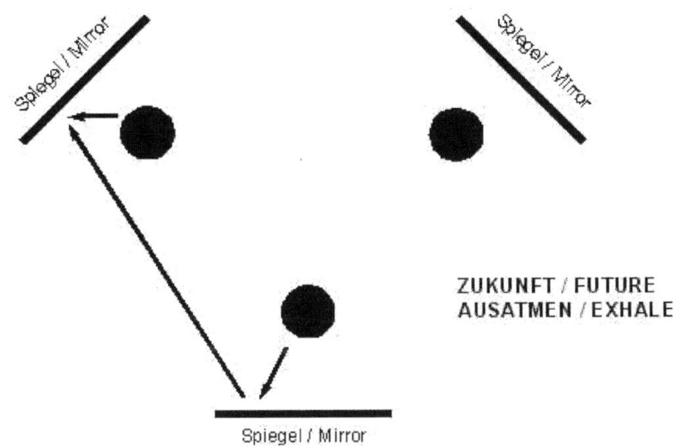

D: Drehe dich zurück zu A, und warte mit dem Einatmen, bis die Person zu deiner Linken ausatmet. (So atmet die Gruppe sozusagen im Kreis.)
Beginnt zuerst langsam, dann immer schneller und schneller. Beschleunigt, so schnell ihr nur könnt. Ihr werdet einen Punkt erreichen, an dem ihr nicht mehr sicher seid was vorher war, Vergangenheit, Gegenwart oder Zukunft.
Am Gipfelpunkt findet ihr euch in einem undefinierbaren „Raum“ wieder, außerhalb der Zeitlinie.
Nutzt jetzt schnell diese Situation und ladet euren Willenssatz oder eure Sigillen.
Deklariert, fühlt, lebt diese Realität. --- JETZT!
Nach einer Weile öffnet der Ritualleiter die Tempeltüren.
Es gibt keine Bannung.

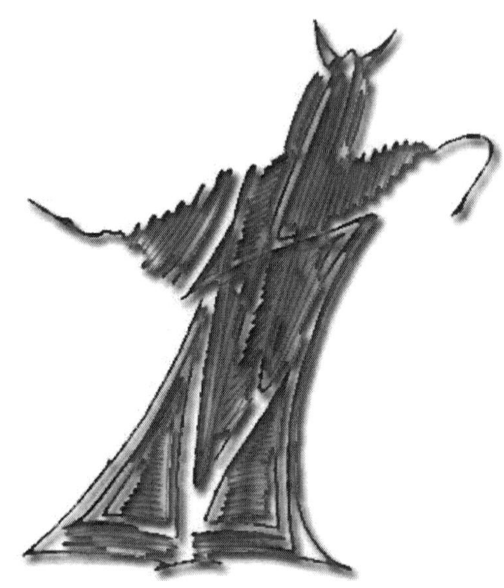

11. ASTRAL WORKOUT

Aus unserem physischen, sichtbaren Leib kann sich ein zweiter feinstofflicher Körper ablösen. Der Begriff feinstofflich geht auf theosophische Lehren zurück, die besagen, dass die jenseitigen Ebenen aus feiner Materie bestehen, somit besteht ein jenseitiger Körper eben aus Feinstoff. Für den feinstofflichen Körper findet man in der Literatur viele Namen, wie zum Beispiel Astralkörper, Doppelkörper, Traumkörper, ätherisches Double, Energiekörper, usw.[99]

Paracelsus nannte ihn unter anderem den syderischen Leib:

Als im Schlaff, so der Elementisch Leib ruhet, so ist der Syderisch Leib in seiner Operation, der selbige hatt keine Ruhe noch Schlaffen, allein der Elementisch Leib prädominiert und überwindt, als dann ruhet der Syderisch[100]

---

99 Werner Zurfluh führt eine umfassende Anzahl von verwandten Bezeichnungen für den feinstofflichen Körper aus allen Kulturen an: ame vital, Astralkörper, Auferstehungsleib, Ba, Bardo-Körper, body of electricity, body of formative forces, Diamantkörper, Doppelgänger, Eidolon, etheric body, etheric double, fantomes des vivants, feinstofflicher Körper, fließender Körper, Flimmerkörper, four-dimensional body, Geistkörper, health body, Ka, Kama Rupa, kesdjun body, Larva, Leuchtkörper, Lichtkörper, linga sharira, Mentalkörper, Nervengeist, parasomatic body, pranamayakosha, Phantom, Phönix, Plasmamasse, Pneuma, somatic double, spirit body, spiritual body, strahlender Körper, Tulpa, Tulku, vehicle of cosmic vitality, vital body, Wunschkörper, Yid Lus, Zwilling. In: Quellen der Nacht, Interlaken 1983.

100 Paracelsus: Philosophia sagax, (Huser) I, 9. W.W. II, 405.

In der Regel besitzt der feinstoffliche Körper genau die Form des physischen. Erlebnisse mit einem Doppelkörper werden den sogenannten außerkörperlichen Erfahrungen (im Englischen als Out-of-body-experiences bezeichnet) zugerechnet.
Die Parapsychologie nennt sie auch astrale Projektion oder Exteriorisation.

Werner Zurfluh definiert Außerkörperlichkeit in seinem Buch „Quellen der Nacht“ wie folgt: *Außerkörperlichkeit meint einen Seinszustand, in dem das Ich, das durch nichts zu erschütternde Gefühl und die Gewissheit hat, außerhalb des eigenen physischen Körpers zu sein. Dabei fühlt sich das Ich genau gleich wie innerhalb des physischen Körpers. Das Ich bleibt kontinuierlich bestehen und verfügt über die normale Stabilität und Koordination und über alle emotionalen und kognitiven Funktionen. Normalerweise besitzt das Ich im außerkörperlichen Zustand einen Zweitkörper. Es kann aber auch körperlos sein und existiert dann als 'Bewusstseinspunkt'.*

Eine Projektion des Feinstoffkörpers kann auch bei Unfällen, Schock, bei Einsatz von Anästhetika oder Herzstillständen spontan erfolgen, wobei wir bei den letzteren in den Bereich der Nahtoderlebnisse kommen. Eine kleinere Gruppe von Menschen gehört zu den Glücklichen, die imstande sind den Ablösungsprozess willentlich zu vollziehen.
Zu diesem Thema sind viele Bücher geschrieben worden. Viele Autoren streiten über noch mehr verschiedene Definitionen von Astral und Mental und wo das Eine endet und das Andere beginnt.
Ich bin nicht willens mich hier an dieser Diskussion zu beteiligen.
Die folgenden Übungen, die wir in Gruppen durchführten, unterstützten den Forschenden das Austreten zu erlernen. Weiterhin geben persönliche Erfahrungen einen kleinen Einblick in meinen subjektiven, chaosmagischen Zugang zum Thema.

Astral Workout – TEIL 1

Die Teilnehmer stellen sich bequem hin und nehmen ihren physischen Körper wahr. Danach lenken sie die Aufmerksamkeit auf ihren „Energiekörper“, ihre Aura,…
Jede der folgenden Sequenzen sollte öfters wiederholt werden. Idealerweise sollten die einzelnen Sequenzen geübt werden, bis aus mentalen Projektionen tatsächlichc Austritte werden ;-)

Nach jeder Sequenz tauschen die Teilnehmer ihre Erfahrungen aus.

Sequenz 1

Die Teilnehmer treten

- einen Schritt nach vorne, wobei sie die Konzentration sowohl auf ihren physischen Körper, als auch auf ihren Energiekörper gerichtet halten.
- Einen Schritt zurück in die Ausgangsstellung.
- Einen Schritt nach rechts, – und zurück.
- Einen Schritt nach links und zurück.[101]

Sequenz 2

- Die erste Sequenz wird jetzt wiederholt. Diesmal treten die Teilnehmer allerdings nur mit ihrem physischen Körper nach vorne. Der Energiekörper bleibt in der Grundposition stehen.
- Beim Schritt zurück in die Ausgangsposition vereinigen sich die beiden Körper wieder.
- Nun folgt ebenfalls analog zur ersten Sequenz ein Schritt nach links, dann nach rechts.

Sequenz 3

- Die Sequenz wird nochmals wiederholt. Diesmal treten die Teilnehmer allerdings nur mit ihrem Energiekörper nach vorne. Der physische Körper bleibt in der Grundposition stehen.
- Beim Schritt zurück in die Ausgangsposition vereinigen sich die beiden Körper wieder.
- Nun folgt ebenfalls analog zur ersten Sequenz ein Schritt nach links, dann nach rechts.

Sequenz 4

- Die Teilnehmer drehen sich 360° um ihre eigene Achse, wobei sie die Konzentration sowohl auf ihren physischen Körper, als auch auf ihren Energiekörper gerichtet halten.
- Die Teilnehmer drehen sich mit dem physischen Körper 360° um ihre eigene Achse, der Energiekörper bleibt stehen.
- Die Teilnehmer drehen sich mit dem Energiekörper 360° um ihre eigene Achse, der physische Körper bleibt stehen.[102]

---

[101] Viele Teilnehmer erlebten bereits diesen Schritt vor und zurück sehr intensiv und schilderten ein Gefühl, als ob die beiden Körper sich nicht mit derselben Geschwindigkeit vorwärts und rückwärts bewegten. Die beiden Körper scheinen sich ähnlich zu verhalten, als wären sie durch ein Gummiband miteinander verbunden.

[102] Oftmals erfahren Teilnehmer statt einer ruhigen Drehung eine „ruckelnde" Bewegung. Das ist wohl ein Zeichen, dass sie die Drehung noch rein mental durchführen. Eine ähnliche Erfahrung ist auch, dass die Drehung bis zu 90° nach links und rechts einfacher scheint als darüber hinaus. Durch Erfahrungen wie

Sequenz 5

- Jeder Teilnehmer hält einen Gegenstand (Münze, Stein, magische Waffe,...) mit ausgestreckten Armen.
- Jetzt wird der Gegenstand umkreist, zuerst mit beiden Körpern, dann nur mit dem Energiekörper.

Astral Workout – TEIL 2

Jeder Teilnehmer sucht sich für die folgende Übungsreihe einen Partner, dem er vertraut.

Sequenz 1

- Die beiden Stellen sich nebeneinander auf und wiederholen die zweite Sequenz des ersten Übungsteils.

Sequenz 2

- Jetzt stehen die beiden Partner gegenüber, einen Schritt voneinander entfernt. Zuerst tritt A mit seinem Energiekörper einen Schritt vor und damit in den physischen Körper des Partners ein. Sobald A wieder zurück in seinem Körper ist, unternimmt B das Experiment.[103]
- Diese Übung wird nun in allen möglichen Variationen wiederholt. (Die beiden Partner stehen hintereinander, nebeneinander,...)

Sequenz 3

- Abschließend stehen alle Teilnehmer im Kreis.[104]

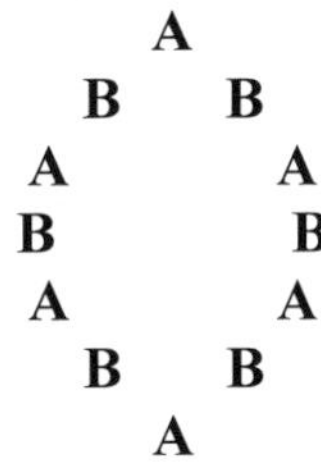

---

diese darf man sich keineswegs entmutigen lassen. Abgesehen davon ist eine mentale 360°-Drehung auch bereits ein schöner Erfolg.

103 Spätestens jetzt ist es klar, warum man einen Partner wählen sollte, dem man vertraut. Nicht nur die unheimliche Tatsache, dass dann ein fremder Energiekörper in mich eindringt (und es vielleicht ganz schön eng wird) ist zu bedenken. Auch werde ich selbst nur wenig Erfolg beim Versuch den Körper des Partners zu betreten haben, wenn er sich dagegen sträubt.
Man kann übrigens weitere interessante Experimente durchführen, indem sich der „Betretene" abwechselnd entspannt und zulässt was passiert und sich das nächste Mal versperrt und versucht das Eindringen zu verhindern.
(Das führte auch dazu, dass bei unseren Experimenten ein Frater zu dem Schluss kam:
„Wenn du bestiegen wirst, musst du ganz locker lassen!")

104 Diese Übung empfiehlt sich nur einer Gruppe, die bereits einige Erfahrungen gesammelt hat.

Auf ein Signal treten alle B mit ihrem Energiekörper einen Schritt vorwärts (in den Vordermann) und wieder zurück. Beim nächsten Signal treten alle A vorwärts und wieder zurück.

Astral Workout – TEIL 3

Jeder Teilnehmer sucht sich für die folgende Übungsreihe wiederum einen Partner dem er vertraut.

- Die Partner stehen[105] hintereinander. Der vorne stehende Partner A entspannt sich und beobachtet aufmerksam was passiert, ohne jedoch eigene Intensionen zu setzen. Der hinten stehende Partner B tritt mit seinem Energiekörper einen Schritt nach vorne in den Körper von A. Dort angekommen agiert B. Es empfiehlt sich mit ganz einfachen Dingen zu beginnen. Beispielweise könnte B seine rechte (astrale) Hand heben und wieder senken, oder B könnte einen bestimmten Punkt an der Wand fixieren. Ist das geschehen, tritt B wieder zurück in seinen eigenen Körper[106].

Nachdem die Partner ihre Erfahrungen ausgetauscht haben, wechseln sie die Rollen und wiederholen den Versuch.

Astral Workout – TEIL 4

Die Teilnehmer stehen im Kreis, der Blick ist in den metaphysischen Osten gerichtet.
Jetzt wird von allen gemeinsam das gnostische Bannungsritual durchgeführt.[107] Die Teilnehmer verharren mit ihren physischen Körpern in der Grundstellung. Die Energiekörper bewegen sich im Raum.
Dieser letzte Teil kann und soll von jedem Teilnehmer einzeln und über einen längeren Zeitraum regelmäßig durchgeführt werden. Mit einiger Übung kommen dann die ersten tatsächlichen Austritte. Die Akustik im Raum verändert sich. Die Drehung fällt plötzlich leichter und „ruckelt" nicht mehr. Man wird feststellen, dass der Energiekörper keine Beine braucht (wozu auch?) und mehr wie eine sanfte Kamerafahrt dahingleitet. Will man sich jetzt kontrolliert bewegen, ist es wichtig zu lernen, nicht in Dimensionen von Knochen, Muskeln und deren Kräfte und Zusammenspiel zu denken.

---

[105] Unsere Erfahrungen zeigten, dass die Übungen stehend durchgeführt bessere Ergebnisse brachten.

[106] Wir bekamen hier die verschiedensten Ergebnisse. Bewegungen konnten in der Regel einfacher übertragen werden. Sie wurden entweder als bewegende Schatten oder manchmal als das Bedürfnis selbst eine Bewegung durchzuführen, wahrgenommen.

[107] Es eignet sich auch jedes andere Bannungsritual, bei dem sich der Magier in alle 4 Himmelsrichtungen wendet.

Die ersten Erfolge kommen schnell, doch dann muss man hart daran arbeiten, diesen Zustand für längere Zeit aufrechterhalten zu können, beziehungsweise nicht mehr so abhängig von der eigenen Tagesverfassung zu sein. Schafft man es nämlich nicht, findet man sich sehr schnell bei seiner Bannung gestört und wird in den physischen Körper zurückgeschleudert, was zuweilen auch zu kurzem Schwindelgefühl und Verwirrung führt.

Zur Frage: Wo tritt man denn nun aus dem Körper aus? sind auch viele Theorien entwickelt worden.

Die größten persönlichen Erfolge erziele ich, wenn ich entweder stehend, einfach nach vorne aus mir heraustrete, oder auf dem Bauch liegend, nach hinten aus mir trete.
Der Austritt beginnt in meinem Nacken, dann richtet sich mein Astral sehr schnell bis zum „Stehen“ auf.

Geduld ist auch hier der Schlüssel. Geduld und Konsequenz im Üben.

BIBLIOGRAPHIE

Die Wurzeln des Yoga, Patanjali, Otto Wilhelm Barth - Verlag, 1976
Raja Yoga, Swami Vivekananda, Hermann Bauer Verlag, 1981
Book Of Pleasure (Self - Love), Austin Osman Spare, London, 1913
Psychonautik, Peter J. Carroll, Edition Magus, 1984
Liber Null, Peter J. Carroll, Edition Magus, 1984
Liber Kaos, the Psychonomicon, Peter J. Carroll, BM Dazzle London WCIN3XX, 1991
Sigillenmagie in der Praxis, Frater V... D..., Edition Magus, 1985
The Cult Of Tara, Stephan Beyer, Berkley, 1973
Handbuch der Runenmagie, Edred Thorsson, Urania Verlag, 1987
Hamlet's Mill, Giorgio de Santillana, D.R Godine Edition, 1977
The Book Of Results, Ray Sherwin, The Sorcerer's Apprentice, o.J.
Magical Ritual Methods, William Grey, Weiser, 1969
Liber Agape, De Arte Magica, Aleister Crowley, Kadath Press 1986
Magick, Aleister Crowley, Routledge & Kegan Paul, 1973
Stealing The Fire From Heaven, Stephen Mace, Privatdruck, 1984
Erlösung im Hier und Jetzt, W. Karwath, 1977
Drachenzeit, Luise Francia, Verlag Frauenoffensive 1987
Die geheimen sexualmagischen Unterweisungen des Tieres 666, M. D. Eschner, Stein der Weisen, 1985
Erlösung im Hier und Jetzt, W. Karwath, 1977
Tantra. The Key to sexual Power and Pleasure, Ashley Thirleby 1978
Satanic Bible, Anton Szandor La Vey, The Church of Satan, San Francisko, 1968
Spaltungsmagie, Gregor A. Gregorius, Wolfenbüttel, 1925
Drachen und Echsen, Papp Adolf, Wien, 1954
Die Lehre der Schattenkämpfer, Stephen K. Hayes, Falken 1985
Trances, Wavell Stewart, London, 1966
Moon, Moon, Anne Kent Rush, Moon Books, Berkeley, Ca.; Random House/Inc. N.Y. 1976
Voodoos und Obeahs, Westindian Witchcraft, J. Williams, New York 1970
Psychologie und Magie - Wege zur Magie, Mahamudra, Bonn, 1980
Katathymes Bilderleben, H. Leuner, Stuttgart, 1971
Das magische System des Golden Dawn, Israel Regardie, H. Bauer Verlag, 1987
Im Tanz der Elemente, Björn Ulbrich, Arun Verlag, 1990
Schamanische Magie im Alltag von SUJJA SU'A'NO - TA, Edition Magus, 1985
Das holographische Weltbild, Ken Wilber, Scherz Verlag, 1986
Kursus der praktischen Magie, Fra. V... D..., Edition Magus, 1987
Arthur Avalon, Die Schlangenkraft, Weilheim, 1975
Techniques of High Magic, F. King, S. Skinner, London, o.J.
The inner Guide Meditation, Edwin Steinbrecher, Aquarian Press, 1982
Collected Works Of Austin Osman Spare, Morland Press, London, 1904
Magick In Theory And Practice, A. Crowley, Castle Books, New York, o.J.
Tattwa, Hellsehen und Astralwallen, Fra. Peregregius, Schikowski - Verlag
The Demon Lover, Dion Fortune, Douglas, 1926
Das Necronomicon, Abdul Ahazred, R. Schikowski, 1980
Journey to Ixtlan, Carlos Castaneda, Simon und Schuster, New York, 1972
Tao Yoga der Liebe, Mantak Chia, Ansata Verlag, Interlaken, 1985
Apprenticed to Magic, W.E. Butler, Aquarian Press, 1962
Bücher der praktischen Magie, H.E. Douval, Ansata - Verlag, 1983
Die Aussendung des Astralkörpers, S. Muldoon, Freiburg, 1964
Die Henochischen Schlüssel der Magie, M.D. Eschner, Stein der Weisen, Berlin, 1982
Liber AL VEL LEGIS, A. Crowley, M. D. Eschner, Stein der Weisen, Berlin, 1982
Die Vision und die Stimme, A. Crowley, Marcus M. Jungkurth, »Stein der Weisen«
Magic and Mystery in Tibet, Alexandra David - Neel, Penguin, Baltimore, 1971
Cults of the Shadow, Kenneth Grant, London 1975
Magical Ritual Methods, William Grey, Weiser, New York, 1969
Anubis, Zeitschrift für praktische Magie und Psychonautik, Postfach 45, A-1203 Wien

GLOSSAR

Adonai .... hebräischer Gottesname »Herr«
Ain .... Nicht - Nichts
Ain Soph .... das Unendliche
Aiwass .... auch: Aiwaz - Crowleys Schutzengel, der ihm mehrere Bücher diktierte
Akasha .... das erste Tattwa, Äther oder Geist
Amulett .... Materielle Basis zur Fokussierung von Energien - meist »gegen eine bestimmte Sache«
Ankh .... ägyptisches Lebenszeichen, auch Henkelkreuz genannt
Apas .... Wasserelement der Tattwas
Apollyon .... griechisches Synonym für Satan
Apophis .... auch Typhon, die Schlange des Chaos in der ägyptischen Mythologie
Äquinox .... Tagundnachtgleiche
Asch .... hebräisch für Feuerelement
Astaroth .... phönizisches Äquivalent zu der babylonischen Ishtar
Athanor .... alchemistischer Ofen
Aum .... heilige Ursilbe der Meditation
Auriel .... Erzengel der Erde
Bannung .... Schutzritual
Bealtaine .... Jahresfest (30. April), Walpurgisnacht
Caduceus .... der Stab des Hermes mit zwei sich darum windenden Schlangen
Cthulhu .... Einer der alten Götter aus dem Necronomicon, der darauf wartet, die Herrschaft über die Erde wieder zu übernehmen
Damballa .... Schlangengott des Voodoo
Divination .... Methoden, um den Verlauf von Ereignissen im Voraus festzustellen
Evokation .... Anrufung, Beschwörung eines Geistes oder einer Wesenheit zu sichtbarer, oder mindestens zu wahrnehmbarer Form außerhalb der Persönlichkeit des Magiers
Fenriz .... Sohn des Loki, dargestellt als Wolf
Gabriel .... Erzengel des Wassers
GB .... Gnostische Bannung = Gnostisches Pentagrammritual
Geburah .... fünfte Sephira auf dem kabbalistischen Lebensbaum
Gedulah .... zweiter Name Cheseds, der vierten Sephira auf dem kabbalistischen Lebensbaum
Geomantie .... archaische Divinationsmethode mit Hilfe des Erdelementes
Gnome .... Elementarwesen der Erde
Gnosis .... im weitesten Sinn: veränderter Bewusstseinszustand
Hecate .... griechische Göttin der Unterwelt
Hermes .... griechische Gottheit, griechischer Name für den ägyptischen Gott Toth
Imbolg .... Jahresfest, 02. Februar
Invokation .... Anrufung einer geistigen Wesenheit zur Herabkunft in den Körper des Magiers oder zur Manifestation in seiner Persönlichkeit
IOT .... Illuminatenorden von Thanateros
Kabbala .... frühe Form der hebräischen Mystik
Leviathan .... Seedrache, Dämon des Urmeeres
Lilith .... hebräische weibliche Teufelsgestalt, erste Frau Adams
Loki .... Trickser, teutonische Teufelsgestalt

Luggnasadh .... Jahresfest, (31. Juli)
Malkuth .... zehnte und letzte Sephira auf dem kabbalistischen Lebensbaum
Maya .... Illusion
Merkur....................... römische Gottheit - entspricht dem griechischen Hermes - und alchemistisches Prinzip (Quecksilber = lat. Mercurius)
Michael .... Erzengel des Feuers, wörtlich: der wie Gott ist
Nagual .... nichtalltägliche Wirklichkeit
Pan .... griechischer Gott der Lust und Lebenskraft
Phat .... tibetische, bannende Kurzformel
Plasmakugel .... Mit Edelgasen gefüllte Glaskugel, die durch elektrische Entladungen Blitze vom Zentrum zur Oberfläche zucken läßt.
Pooka .... sprich: Puka, keltischer Dämon, der zu Samhain über die Felder reitet
Prithivi...................... Erdtattwa
Raphael .... Erzengel der Luft
Sakrament .... Materielle Basis zur Fokussierung von Energien
Salamander............... Elementarwesen des Feuers
Salz............................ alchemistisches Prinzip
Samhain..................... Jahresfest, (31. Oktober), Keltisches Neujahrsfest
Schwarzlichtlampe ... Lampe, die anstelle von UV-Lampen eingesetzt werden kann. Sie erzeugt ein dunkelviolettes Licht und lässt alle weißen Flächen blauviolett strahlen. (Sie passt in jede normale Normfassung)
Sigill .... graphische Darstellung eines durch verschiedene Techniken zum Symbol umgeformten Willenssatzes.
Stroboskop .... Lichtzerhacker mit Quarzlampe und Frequenzsteuerung
Sylphen .... Elementarwesen der Luft
Talisman.................... Materielle Basis zur Fokussierung von Energien - meist »für eine bestimmte Sache«
Tau .... hebräischer Buchstabe
Tejas......................... das Feuerelement, auch Agni genannt
Tonal .... Alltägliche Wirklichkeit
Toth .... ibisköpfiger, ägyptischer Gott des Schreibens und der Magie, Führer der Toten
Typhon .... ägypt. Urschlange des Chaos, der Zerstörer
Undinen .... Elementarwesen des Wassers
UV-Lampe .... Lampe, die ultraviolettes Licht abstrahlt
Vayu .... Tattwaelement der Luft
Yaotzin .... Aztekischer Höllengott
Yule .... Jahresfest, 22. Dezember

Weitere Bücher zum Thema Chaosmagie aus dem Bohmeier Verlag

Chaos und Hexenzauber
von Nick Hall

ISBN 978-3-89094-266-7, 160 Seiten, Softcover, Format DIN-A5

Aus dem Vorwort von Peter J. Carroll: Die chaosmagische Bewegung hat unlängst eine Anzahl von exzellenten Abhandlungen praktisch arbeitender Magier hervorgebracht, die über ihre mühsam erworbenen Erfahrungen schreiben. Dieses Buch muß zu den besten von ihnen gezählt werden. Ich hatte die Ehre, Nick Hall kennenzulernen und einige Jahre mit ihm zu arbeiten, und ich konnte ihn bei vielen Akten der Zauberei beobachten, von denen er in seinem Buch berichtet.
Die Resultate sind ebenso überwältigend wie die Gegenwart des Mannes selbst. Aus zahlreichen Beschwörungen mit Nick weiß ich, daß es einem nicht gut bekommen würde, gegen ihn zu operieren. Statt an abstruse metaphysische Theorien zu glauben, hat Nick es hier vorgezogen, ein System aus einer eklektischen Reihe praktischer Verfahren zu entwerfen, die verschiedenen Kulturen entnommen sind. Die ganze Abhandlung lehrt jedoch, daß der chaosmagische Metaglaube der ist, daß Glaube die Realität strukturiert. Dies ist allerbeste pragmatische Magie. Entdecke oder denke dir eine Technik aus, die es wert zu sein scheint, an sie zu glauben, und wenn du sie bestätigen kannst, integriere sie in deine Abhandlung, ohne dich darum zu sorgen, wie oder warum sie funktioniert. Nur Mumm und Phantasie sind dafür nötig, nicht viel Fachwissen. Werkzeuge der Zauberei: Divinatorische Techniken, Chaosstern, Der Zeiger (Zauberstab), Amulette, Fetische. Techniken der Hexerei: Meditation, Visualisation, Gestik und Tanz, Besessenheit. Gute und Böse Puppenmagie: Magischer Angriff, Heilung, Planeten-Puppen. Die Macht des Wortes: Flüche, Zaubersprüche, Hexenflaschen und vieles mehr... **(Auch in englischer Sprache erhältlich!)**

Küchenmagie von Sor. Conata

ISBN 978-3-89094-286-5, 80 Seiten, Softcover, Format DIN-A5

Aus dem Vorwort von Fra. .717.: "Ob Schutz oder Angriff, Heilungs-, Liebes- oder Geldzauber, Sor. Conata schafft es auf äußerst humorvolle Art und Weise aufzuzeigen, wie sehr Magie in den Alltag integriert werden kann. Ihr Hauptanliegen zum Funktionieren von Magie gilt dem Wie, nicht dem Warum. Ihre Methode ist chaoistisch und undogmatisch. Fernab von Geheimniskrämerei und Weihrauchschwaden zaubert sie munter drauflos, für ihren Alltag und für ihre persönliche Entwicklung. Unvoreingenommen greift sie in jeder Situation nach den Materialien und Hilfsmitteln, die gerade eben zur Verfügung stehen."
Verlagskommentar: Die Autorin stellt Techniken und Rituale vor, die unserem Denken und zugleich dem kollektiven Alltagserleben entsprechen. Sie animiert durch viele Beispiele, eigene Analogien und Möglichkeiten zu finden. Aufgrund ihrer persönlichen Erfahrung und Ihres Studiums magischer Schriften liefert Sie mit diesem Buch auf ein Minimum reduzierte klar durchschaubare Techniken im Gewand unserer täglichen Erlebenswelt.
So gesehen, ist dieses Buch vielleicht ein Küchenbuch, aber keinesfalls ein Kochbuch, denn Sor. Conatas Rezepte sind wesentlich subtiler, ihre Gewürze schärfer, und ihre Gerichte bleiben, einmal angerichtet, heiß!

Die virtuelle Mechanik der Zauberei
Die Aktualisierung unsichtbarer Formen in der okkulten Arbeit
von Stephen Mace

ISBN 978-3-89094-325-1, 48 Seiten, Softcover, Format DIN-A5

Auf dem Buchumschlag ist ein „Feynman-Diagramm", ein bestimmtes Schema, erfunden von dem Physiker Richard Feynman, welches die Interaktionen subatomarer Teilchen erklären soll.

Dieses Diagramm zeigt eine der einfachsten möglichen Interaktionen, die gegenseitige Abstoßung zweier Elektronen (e-), wobei ein „virtuelles" Photon (g) die Triebkraft zwischen beiden überträgt. In diesem Essay wird die These vertreten, dass auf der Ebene menschlicher Interaktionen ein analoger Transfer stattfindet, welcher die Basis für das Funktionieren von Omen und erfolgreiche Beschwörungen ist.
Wer die Bücher von Stephen Mace kennt, dem ist inzwischen klar, dass seine Theorien immer auf die praktische Arbeit ausgerichtet sind. Seine effektiven und erfolgreichen Techniken und Theorien - jenseits ausgetretener Pfade - machen ihn so populär...

Principia Diskordia - Das großartige Opiat
von Malaclypse dem Jüngeren

ISBN 978-3-89094-289-6, 92 Seiten, Softcover, Format DIN-A5

Erinnerst Du Dich an diese verwirrenden Zitate aus der Prinzipia Discordia, die am Beginn verschiedener Kapitel der Illuminaten-Trilogie standen?
Hast Du Dich jemals gefragt, ob dieses wundervolle kleine Buch wirklich existiert, oder versucht, eine Kopie davon zu finden? Gut, versammelt Euch, Ihr Suchenden, denn es ist uns eine große Freude, hiermit die erste Erscheinung dieses wundervollen Werkes in deutscher Sprache bekanntzugeben.
Ist es ein Scherz, als Religion verkleidet, oder ist es eine Religion, als Scherz verkleidet? Jeder spricht über den Diskordianismus! Die PRINCIPIA DISKORDIA ist die offizielle Bibel der wichtigsten Religion, die jemals erfunden wurde. Ein legendärer Untergrund-Klassiker, jahrelang vergriffen und unmöglich zu finden. Diese neue Ausgabe enthält wahrlich "alles Wissenswerte über alles, was wert ist, gewußt zu werden" - und mehr!
All das geheime Wissen des Diskordianismus wurde zu Deiner Erleuchtung, Deiner Verwirrung und Deiner Unterhaltung enthüllt. Gödelianisch, Non-Aristoteläisch, ganzheitlich und übergeschnappt ist der Diskordianismus, die Religion, für diese total verrückten Zeiten. Niemals zuvor gab es so etwas wie die PRINCIPIA DISKORDIA. Lies sie und sieh!!!
Worin das folgende noch nie veröffentlichte Material enthalten ist: Einleitung von Robert Anton Wilson - Nachwort von Malaclypse dem Jüngeren - Die noch niemals zuvor Publizierte 5. Ausgabe - Und mehr!!! Die PRINCIPIA DISCORDIA ist größer und besser als je zuvor!!!
Es enthüllt: Das Gesetz der 5, Die Gospel, die sich auf Fred beruft, Die Epistel für die Paranoiden, Die fünf Apostel der Eris & wer sie sind, Das heilige Chaos, Das Buch Uterus und viel, viel mehr...